साहित्यक विध

साहित्यिक विधाएँ सैद्धांतिक पक्ष

डॉ. मधु धवन

हिंदी विभागाध्यक्ष

स्टेल्ला मॉरिस (स्वायत्तशासी) कालेज

वाणी प्रकाशन

वाणी प्रकाशन का 'लोगो'
विख्यात चित्रकार मक़बूल फ़िदा हुसेन की
कूची से

ISBN : 978-81-8143-862-1

वाणी प्रकाशन
21-ए, दरियागंज, नयी दिल्ली-110002
द्वारा प्रकाशित

फोन : 0091#11#23273167, 23275710
फैक्स : 0091#11#23275710
ई-मेल : vaniprakashan@gmail.com
vani_prakashan@yahoo.com
वेबसाइट : www.vaniprakashan.com

प्रथम संस्करण : 2008

आवरण सज्जा : वाणी प्रकाशन
शिव शक्ति प्रेस, शाहदरा, दिल्ली-110032
द्वारा मुद्रित

मूल्य : 100.00

SAHITYIK VIDHAYEN
SAIDHANTIK PAKSH
by : Dr. Madhu Dhavan

दो शब्द

'साहित्यिक विधाएँ : सैद्धांतिक पक्ष' पुस्तक आनेवाली पीढ़ी को सरलतम ढंग से सृजनशक्ति प्रदान करने का विनम्र प्रयास है। छात्र अपनी शक्ति सामर्थ्य से अपनी प्रतिभा को जाग्रत कर सृजनशील हो उठेंगे, ऐसी मेरी धारणा है।

सैद्धांतिक पक्ष के संदर्भ में विभिन्न विद्वानों ने जो विचार व्यक्त किए हैं, उन्हें पुस्तक में यथास्थान रखते हुए बोलचाल की भाषा में सैद्धांतिक पक्षों पर प्रकाश डाला है।

उपन्यास, कहानी, नाटक, एकांकी, रेखाचित्र, जीवनी संस्मरण, आत्मकथा, साक्षात्कार, यात्रा साहित्य, ललित निबंध आदि विधाओं की बारीकियाँ दिखाकर अपनी सृजनशीलता को बाहर लाने का मार्गदर्शन दिया गया है।

जिन विद्वानों, समीक्षकों की पुस्तकों का आश्रय लिया गया है उन सुधीजनों को धन्यवाद ज्ञापित करती हूँ।

—मधु धवन

के-3
अन्नानगर ईस्ट,
चेन्नई-600102

अनुक्रम

पहली इकाई/वर्ष

1. उपन्यास 11

2. कहानी 26

दूसरी इकाई/वर्ष

3. नाटक 39

4. एकांकी 48

तीसरी इकाई/वर्ष

5. रेखाचित्र 59

6. जीवनी तथा अन्य 75

पहली इकाई/वर्ष

1

उपन्यास

हिंदी उपन्यास : स्वरूप और विकास

उपन्यास क्या है?

आधुनिक गद्य साहित्य की सर्वाधिक सशक्त एवं लोकप्रिय विधा 'उपन्यास' है। मुख्य कथा तथा अनेक छोटी-बड़ी प्रासंगिक घटनाओं, पात्रों और देशकाल वातावरण योजना द्वारा घटना-क्रमबद्धता के आधार पर संपूर्ण जीवन के प्रतिस्थापित रूप को सामान्यतः **उपन्यास** कहा जाता है, **डॉ. नंददुलारे वाजपेयी** के शब्दों में–"उपन्यास का जगत् खुले हुए आकाश के नीचे फैली हुई विस्तृत हरीतिमा के समान है जिसमें नाना वर्ण के वृक्ष, लता, गुल्म, पशु-पक्षी आदि स्वच्छंद रूप से विहार करते हैं, यद्यपि इस स्वच्छंदता में भी एक समग्रता तो रहती है।"

उपन्यास का अर्थ

शाब्दिक दृष्टि से इस शब्द की रचना उप + न्यास दो शब्दों से हुई है। उप यानी समीप अर्थात् पास में न्यास यानी व्यवस्थित रूप में रखना–उपन्यास का सामान्य अर्थ है। अब प्रश्न यह है कि इसे किसे और किससे समीप रखना है; यह प्रश्न विचारणीय है। यहाँ यह उत्तर दिया जाता है कि मानव जीवन की विविध घटनाओं को मानव के समक्ष रखना अर्थात् संपूर्ण जीवन के नाना उतार-चढ़ाव की विविध घटनाओं को कलात्मक किंतु सरल रूप में मानव समाज के सामने रखना ही **'उपन्यास'** है।

निर्विवाद यह कहा जा सकता है कि उपन्यास की कथा सुगठित, कौशलपूर्ण, स्वाभाविक, गतिशील और मनोवैज्ञानिक तत्त्वों से समन्वित होती है।

उपन्यास साहित्य का वह अंग है जो गद्य के माध्यम से संपूर्ण चित्र उपस्थित

करता है। जीवन के बहुमुखी औपन्यासिक दिग्दर्शन का यह सर्वाधिक महत्त्वपूर्ण माध्यम है। वह जीवन के किसी एक अंग की, एक घटना की, टुकड़े की प्रतिक्रिया एवं अनुभूति का अंकन नहीं करता, प्रत्युत् उसे समग्रता से प्रस्तुत करता है।

व्युत्पत्ति : संस्कृत में उपन्यास शब्द

उपन्यास शब्द 'उप' तथा 'नि' पूर्वक 'अस्' धातु में 'अच्' प्रत्यय जोड़ने से व्युत्पन्न हुआ। कुछ विद्वान इसकी व्याख्या 'उपन्यासः प्रसादनम्' लिख कर करते हैं तो कुछ विद्वान उपपत्तिकृतोति अर्थ उपन्याससंकीर्तितः व्याख्या करके समुचित विन्यास को ही उसकी प्रमुख विशेषता बतलाते हैं।

संस्कृत के नाट्यशास्त्र में उपन्यास शब्द का प्रयोग पारिभाषिक अर्थ में भी मिलता है। उपन्यास प्रतिमुख संधि का एक भेद है। दशरूपककार ने उसका स्पष्टीकरण करते हुए लिखा है—'उपन्यासस्तु सोपायं' अर्थात् युक्ति से बीज का उद्भेद करनेवाली प्रतिमुख संधि की विशेषता को ही 'उपन्यास' कहते हैं।

संस्कृत में 'उपन्यास' शब्द का अर्थ संदर्भ के अर्थ में भी मिलता है। शाकुन्तल में आत्मनः उपन्यासपूर्वम् लिखकर इसी अर्थ की व्यंजना की गई है। उपन्यास शब्द प्राक्कथन या भूमिका के अर्थ में भी प्रयुक्त मिलता है। अमरूक शतक के एक श्लोक में इसका इसी अर्थ में प्रयोग पाया गया है—

"निर्यातः शनकैरलीक वचनोपन्यासमालीजनः"

उपन्यास शब्द का प्रयोग प्राचीन साहित्य में कथनमूलक व्यवस्था के अर्थ में भी मिलता है। एक सूत्र देखें—

"पावकः खलु एष वचनोपन्यासः।"

इस प्रकार हम देखते हैं कि संस्कृत में उपन्यास शब्द का प्रयोग यों तो विभिन्न अर्थों में होता है किंतु जिस अर्थ में आज वह हिंदी में प्रयुक्त हो रहा है, उसकी झलक हमें उपन्यासः प्रसादनम् वाली उक्ति में ही दिखाई देती हैं।

यह गद्य विधा मूलतः पाश्चात्य काव्यशास्त्र से प्रभावित है क्योंकि संस्कृत काव्यशास्त्र में उपन्यास का वर्तमान अर्थ में विश्लेषण नहीं हुआ है।

हिंदी उपन्यास का अर्थ अंग्रेजी और बंगला से विकसित हुआ है। बंगला में उपन्यासों का सृजन पहले होने लगा जिसका प्रभाव हिंदी पर उस समय पड़ा जब भारतेंदु युग में खड़ी बोली गद्य का प्रचार-प्रसार हो रहा था। बंगला के इतिहासकार **डॉ. सुकुमार सेन** ने इस पर प्रकाश डालते हुए बताया कि इस शब्द

का पहला प्रयोग भूदेव मुखर्जी ने किया था। अंग्रेजी का प्रभाव बंगला पर सर्वप्रथम पड़ा और उन्नीसवीं शती के प्रारंभ से ही उपन्यास लिखे जाने लगे। द्रष्टव्य यह तथ्य है कि हिंदी के प्रारंभिक उपन्यासों में बंगला का अत्यधिक प्रभाव पड़ा। हिंदी गद्य-साहित्य की नवीन विधाओं पर बंगला और अंग्रेजी दोनों ही भाषाओं में लिखे गए साहित्य का प्रभाव पड़ा।

बंगला ने ये नवीन विधाएँ अंग्रेजी साहित्य से ली थीं अतः हिंदी की इस विधा का प्रेरणास्रोत अंग्रेजी साहित्य को ही मानना चाहिए।

पंडित राघव प्रसाद मिश्र के अनुसार–"संस्कृत में वासवदत्ता, कादम्बरी और दशकुमार चरित आदि अनेक गद्य काव्यों के होते हुए भी संस्कृत के किसी कवि ने उनमें उपन्यास शब्द का प्रयोग नहीं किया। इससे सिद्ध होता है कि उनके समय में उपन्यास शब्द का प्रयोग गद्य काव्य के लिए नहीं हुआ था। परिशेष में न्यायानुरोध से यही मानना पड़ता है कि हिंदी में यह शब्द बंगला से आया है और अनुकरण प्रिय रचना चतुर बंगाली ग्रन्थकारों ने आधुनिक लक्षण से अंग्रेजी **नॉवेल** शब्द को पर्याय बना लिया है। कुछ भी हो उपन्यास चाहे किसी भी भाषा की उत्पत्ति क्यों न हो, फिर भी उसे 'नवीनता' के रूप में लेना ही युक्तिसंगत होगा, क्योंकि उसकी नवीनता ही उसके प्रति आकर्षण प्रकट करती है। अन्य शब्दों की भाँति उपन्यास शब्द का महत्त्व भी स्वयं में पूर्ण दृष्टिगत है।"

परिभाषा (पाश्चात्य विद्वानों के विचार)

अंग्रेजी में उपन्यास शब्द के लिए **'नाविल'** शब्द का प्रयोग किया जाता है। नाविल शब्द इटैलियन शब्द **'नाविल'** से बना है। इसका अर्थ **सूचना** है। इसी अर्थ के आधार पर शिपले ने नाविल की व्याख्या करते हुए लिखा है–"नाविल शब्द से एक नवीन प्रकार की प्रकथन प्रधान रचना का बोध होता है जिसमें आधुनिकता और सत्य दोनों की प्रतिष्ठा पाई जाती है।"

नाविल की यह परिभाषा अत्यंत व्यापक है।

न्यू इंगलिश डिक्शनरी के अनुसार–"नाविल वह विस्तृत गद्यात्मक प्रकथन प्रधान रचना है जिसमें वास्तविक जीवन का अनुकरण करनेवाली घटनाओं और पात्रों का एक व्यवस्थित कथावस्तु के रूप में वर्णन रहता है।

एवेल-चेवेल प्रसिद्ध फ्रांसीसी विद्वान हैं। इन्होंने उपन्यास को निश्चित आकार वाला गद्यमय आख्यान कहा है। ई.एम.फार्स्टर ने एवेल चेवेल की परिभाषा में तनिक विस्तार कर दिया है कि "उपन्यास का आकार 50,000 शब्दों से कम नहीं होना चाहिए।"

यूरोप में उपन्यास का सृजन अठारहवीं सदी से हुआ। एक फ्रांसीसी विद्वान **एवेल चेवेल** ने उपन्यास को निश्चित आकार में लिखा आख्यान माना है।

वेवस्टर ने अपने विचार प्रकट करते हुए कहा—"उपन्यास एक ऐसा कल्पित विशालकाय गद्यमय आख्यान है जिसमें एक ही कथानक के अंतर्गत यथार्थ जीवन का प्रतिनिधित्व करनेवाले पात्रों और उसके क्रिया-कलापों का चित्रण रहता है।"

एच. जी. वेल्स प्रसिद्ध आंग्ल साहित्यकार ने उपन्यास को खाली समय में खाली दिमाग को मनोरंजन प्रदान करनेवाला हानिरहित उत्तेजक साधन माना।* संभव है प्रारंभ में उपन्यास का मात्र उद्देश्य मनोरंजन करना माना गया हो।

हमारे यहाँ भी आरंभ में हमारे बुजुर्ग अपनी संतानों को उपन्यास पढ़ने से रोका करते थे क्योंकि उनकी दृष्टि में उपन्यास पढ़ना निठल्लों का काम था और बच्चों पर इसका बुरा असर पड़ता था।

उपन्यास कथा-साहित्य का प्रमुख अंग है। कथा-साहित्य के समस्त रूपों में उपन्यास सबसे अधिक लोकप्रिय है। कहानी, यात्रा विवरण आदि की अपेक्षा उपन्यास सबसे अधिक पठित साहित्य है। उपन्यास मनोरंजन का सस्ता सरल साधन है। शिक्षा के प्रचार के साथ ही उपन्यास-साहित्य का भी जनता में प्रचार बढ़ता जा रहा है।

जब से प्रेमचंद और उनके बाद उपन्यासों की रचना करनेवाले साहित्यकारों ने उपन्यास साहित्य को मानव-जीवन का यथार्थ चित्र बना दिया है, तब से उपन्यास साक्षर जनता का प्रिय विषय बन गया है।

उपन्यास की विशेषता यह है कि यह जागृति, असंतोष के बीजारोपण तथा सामाजिक-आर्थिक, शैक्षणिक व्यवस्था के प्रति सजग तथा सचेत करने का अच्छा साधन है।

मेरी दृष्टि में उपन्यास मानव जीवन का चित्र मात्र है। मानव मन में गतिशील विचारों पर प्रकाश डालना और उसके रहस्यों को नाटकीय ढंग से खोलना ही उपन्यास का मूल तत्त्व है। निर्विवाद उपन्यास मानव जीवन की आंतरिक तथा बाह्य स्थितियों, दशाओं एवं मन पर उनकी प्रतिक्रियाओं का काल्पनिक कथा चित्र है। ये चित्र अधिकतर काल्पनिक होते हुए भी यथार्थ एवं यथातथ्य होते हैं।

---

* Harmless for vacant mind and vacant hours.

भारतीय विद्वानों द्वारा उपन्यास की परिभाषा

अनेक भारतीय विद्वानों तथा चिंतकों ने उपन्यास की व्याख्या करते हुए उसकी परिभाषा देने का प्रयास किया है।

- **डॉ. श्यामसुंदर दास** के अनुसार–"मनुष्य के वास्तविक जीवन की काल्पनिक कथा ही उपन्यास है।"
- **श्री नलिन विलोचन** शर्मा के शब्दों में–हिंदी उपन्यास का इतिहास किसी भी देश के उपन्यास के इतिहास की तरह, हिंदी भाषा क्षेत्र की सभ्यता और संस्कृति के नवीन रूप के विकास का साहित्यिक प्रतिफल है।
- **एन्साइक्लोपीडिया ब्रिटेनिका** के अनुसार 'उपन्यास' एक वह कथा है जो चाहे ऐतिहासिक रूप में सत्य न हो पर जिसने जनसाधारण को मोह लिया हो, जिसके द्वारा कुछ चेतावनी मिली हो।
- **आचार्य नंददुलारे वाजपेयी** ने उपन्यास को आधुनिक युग का महाकाव्य माना है।
- **डॉ. देवराज उपाध्याय** के अनुसार–"उपन्यास गद्य साहित्य का अन्यतम रूप है जिसका आधार कथा है चाहे वह सीधे मनुष्यों की हो या मनुष्येतर जीव और निर्जीव प्रकृति की चाहे वह सच्ची हो या कल्पित।"
- **डॉ. गोविन्द त्रिगुणायत** ने उपन्यास की पूर्ण परिभाषा इस प्रकार प्रस्तुत की है–"उपन्यास मानव जीवन का वह स्वच्छ और यथार्थ गद्यमय चित्र है जिसमें मानव मन के प्रसादन की मूलभूत शक्ति के साथ-साथ उसके रहस्यों का उद्घाटन तथा उसके उन्नयन की विचित्र क्षमता भी होती है। उपन्यासकार यह कार्य सफल चरित्र-चित्रण द्वारा करता है।"
- उपन्यास सम्राट **मुंशी प्रेमचंद** के शब्दों में–"मैं उपन्यास को मानव चरित्र का चित्र मात्र समझता हूँ। मानव चरित्र पर प्रकाश डालना और उसके रहस्य को खोलना उपन्यास का मूल तत्त्व है।"
- **बाबू गुलाबराय** के शब्दों में–उपन्यास कार्य-कारण शृंखला में बँधा हुआ वह गद्य कथानक है जिसमें अपेक्षाकृत अधिक विस्तार तथा पेचीदगी के साथ वास्तविक जीवन के साथ प्रतिनिधित्व करनेवाले व्यक्तियों से संबंधित वास्तविक काल्पनिक प्रसंगों द्वारा मानव जीवन के सत्य का रसात्मक रूप से उद्घाटन किया जाता है।
- **अज्ञेय** ने अपने 'आधुनिक उपन्यास और दृष्टिकोण' शीर्षक लेख में

लिखा है–उपन्यास व्यक्ति के अपनी परिस्थितियों के साथ संबंध की अभिव्यक्ति के उत्तरोत्तर विकास का प्रतिनिधित्व करता है।

- **हजारी प्रसाद द्विवेदी** ने उपन्यास की व्याख्या करते समय पाश्चात्य 'नाविल' शब्द तथा मराठी की 'नवल कथा' शब्दों को ही दृष्टि में रखा है और उन्हीं के प्रकाश में उपन्यास के स्वरूप को स्पष्ट किया है। वे लिखते हैं–"उपन्यास वस्तुतः ही नवल अर्थात् नया और ताजा साहित्यांग है, परंतु फिर भी जिस मेधावी ने कथा, आख्यायिका आदि शब्दों को छोड़कर अंग्रेजी नाविल का प्रतिशब्द उपन्यास माना था, उसकी सूझ की प्रशंसा किए बिना नहीं रहा जा सकता। जहाँ उसने इस नए शब्द के प्रयोग से यह सूचित किया है कि यह साहित्यांश पुरानी कथाओं और आख्यायिकाओं से भिन्न जाति का है, वहाँ इसके शब्दार्थ के द्वारा (उप-समीप, न्यास-रखना) यह भी सूचित किया है कि इस विशेष साहित्यांश द्वारा ग्रन्थकार पाठक के निकट अपने मन की कोई विशेष बात, कोई अभिनव मत रखना चाहता है। इसलिए यद्यपि यह शब्द पुरानी परंपरा के प्रयोग के अनुकूल नहीं पड़ता तथापि उसका प्रयोग उपन्यास की विशिष्ट प्रकृति के साथ बिल्कुल बेमेल नहीं कहा जा सकता।" (साहित्य संदेश, उपन्यास अंक, अक्टूबर-नवंबर 1940, पृष्ठ-2)

उपन्यास विधा का सैद्धांतिक पक्ष

जब उपन्यास साहित्य का प्रचुर मात्रा में विकास हो गया तो उसके तत्त्वों का निर्धारण किया गया। उपन्यास के छह तत्त्व निर्धारित किए गए–

(1) कथावस्तु (2) पात्र और चरित्र-चित्रण (3) संवाद या कथोपकथन (4) शैली (5) देशकाल वातावरण (6) उद्‌देश्य या बीज। इन तत्त्वों का विवेचन इस प्रकार है–

कथावस्तु या घटनाक्रम–उपन्यास में वर्णित कथा को कथावस्तु कहते हैं। इस कथा का आरंभ, विकास और अंत एक सुसंबद्ध घटनाक्रम द्वारा परस्पर सुसंगठित प्रकार है। क्रमबद्धता के प्रति सतर्कता अनिवार्य होती है। कथावस्तु में व्यर्थ के प्रसंग इसे शिथिल, विकृत और सारहीन बना देते हैं। उपन्यास को रोचकता प्रदान करने के लिए उसकी कथा में एक प्रकार की कौतूहलता, उत्सुकता और नवीनता का होना परमावश्यक है।

उपन्यास की कथा के लिए तीन गुण आवश्यक माने जाते हैं–

मौलिकता, संभाव्यता या स्वाभाविकता और रोचकता।

मौलिकता–उपन्यास की कथा मौलिक, लोक-विश्रुत तथा ऐतिहासिक हो सकती है। समस्त प्रकार की स्थितियों में मौलिकता का गुण कथा में अवश्य होना चाहिए। यदि कथा अपने मूल रूप में लेखक-कल्पना-प्रसूत होगी तो उसमें मौलिकता का गुण स्वतः समा जाएगा। लेकिन लोक-विश्रुत या ऐतिहासिक घटना को अपनी कथा का आधार बनाते समय उपन्यास की कथा में गुंफित करना उपन्यासकार के लिए कठिन किंतु चुनौतीपूर्ण कार्य होता है। इस समस्या का समाधान करने के लिए वह कल्पना का सहारा ले सकता है। वह ऐतिहासिक पात्रों को लेकर उनके साथ घटनेवाली घटनाओं का अपनी कल्पना से निर्माण कर सकता है। वह इसी संदर्भ में नए प्रसंगों का विकास भी कर सकता है। लेकिन उनके चलते ऐतिहासिक सत्यता को क्षति नहीं पहुँचनी चाहिए वह चाहे तो ऐतिहासिक वातावरण में कल्पित पात्र की प्राण-प्रतिष्ठा कर सकता है। उपन्यासकार को ऐतिहासिक घटनाओं को यथावत् ग्रहण कर समय या स्थान का हेर-फेर करने की छूट होती है।

इतिहास-विश्रुत कथानक में जनश्रुतियों का सम्मिश्रण करके उसे नवीन रूप दिया जा सकता है। उपन्यासकार इतिहास के अस्पष्ट धुँधले चित्रों को अपनी कल्पना से रंग भर उजले और स्पष्ट बना सकता है।

प्राचीन ऐतिहासिक तथ्यों में समसामयिकता का आवरण ओढ़ा सकता है। जहाँ इतिहासकार राष्ट्र को प्रमुखता देता चलता है, वहाँ उपन्यासकार व्यक्ति को प्रधानता देता है। इतिहासकार द्रष्टा तथा अन्वेषक के रूप में कार्य करता है तो उपन्यासकार स्रष्टा का रूप धारण करता है।

संभाव्यता या स्वाभाविकता–उपन्यास में मौलिकता के गुण के साथ-साथ यह भी जरूरी है कि कथा स्वाभाविक लगे। स्वाभाविकता अथवा संभाव्यता के बिना मौलिकता अर्थहीन है। घटनाएँ काल्पनिक होकर भी संभव प्रतीत होनी चाहिए। पाठक पूरे विश्वास के साथ इसे पढ़ता जाता है काल्पनिक और व्यावहारिक जगत् में उसे कोई अंतर प्रतीत नहीं होता। कथावस्तु में संभाव्यता का गुण होना बहुत जरूरी है।

रोचकता–उपर्युक्त दोनों गुणों के साथ कथावस्तु में रोचकता भरना भी उपन्यासकार का परम कर्त्तव्य है। यदि यह गुण नहीं होगा तो पाठक उसे नहीं पढ़ेंगे। पाठक की कल्पना कथा के प्रवाह में ऐसे बहती चली जाए जैसे गुलाब

के उपवन से मंद-मंद सुगंधित हवा। पाठक का रोम-रोम सुरभित हो उठे। वह उसमें सराबोर हो डूबता चला जाए।

पात्र और चरित्र-चित्रण--प्रत्येक उपन्यास में पात्रों का चयन संख्या, कथावस्तु, मूल संवेदना और आकार पर निर्भर है। पात्रों के चरित्रांकन में उनकी वर्गगत विशेषताएँ तथा उनकी वैयक्तिक विशेषताओं का समन्वय अनिवार्य है।

उपन्यास के पात्रों का चरित्र-चित्रण प्रायः दो प्रकार से किया जाता है--(1) लेखक स्वयं पात्रों के चरित्र का वर्णन किया करता है। (2) लेखक पात्रों के बारे में स्वयं कुछ न कहकर पात्रों से स्वयं अथवा अन्य पात्रों द्वारा चरित्र उद्घाटित करता है। यह पद्धति सांकेतिक या नाटकीय कहलाती है। चरित्र दो तरह के होते हैं--(1) वर्ग विशेष के प्रतिनिधि (2) विशिष्ट व्यक्तित्व वाले।

- प्रेमचंद के उपन्यास 'गोदान' का होरी वर्ग-विशेष का प्रतिनिधित्व करता है।
- अज्ञेय रचित उपन्यास--शेखर : एक जीवनी का शेखर विशिष्ट व्यक्तित्व वाला पात्र है।

(आदर्शवादी और यथार्थवादी सिद्धांतों का उल्लेख आगे किया गया है।) इसके अलावा पात्रों के दो भेद--आदर्शवादी, यथार्थवादी भी माने जाते हैं। इन्हें ही स्थिर पात्र तथा गतिशील पात्र कहा जाता है।

स्थिर पात्र--ये ऐसे पात्र होते हैं जो अपने आपको बदल नहीं पाते हैं। चारित्रिक दृढ़ता इन्हें स्थिरता प्रदान करती है। मनोविश्लेषण-प्रधान उपन्यासों के पात्र इसी प्रकार के होते हैं।

गतिशील/यथार्थवादी--विश्व में ऐसे लोगों की कमी नहीं है जो स्थितियों के अनुरूप अपने जीवन को ढालते रहते हैं। बाह्य प्रभाव से उनके चरित्र में परिवर्तन होता है। यदि उपन्यासकार अपने पात्र में विकास दिखाना चाहता है तो उसे प्रभावोत्पादक परिस्थिति का निर्माण करना ही पड़ता है।

कथोपकथन या संवाद--उपन्यास में संवादों की योजना आवश्यकतानुसार तथा पात्रों के चरित्र, स्वभाव, व्यवहार, स्थिति, शिक्षा, परिवेश, देश आदि के अनुसार की जाती है। कथोपकथन का प्रयोग कथानक को गति देने, पात्रों के चरित्र को उजागर करने, समाज के किसी वर्ग विशेष की प्रवृत्तियों को प्रकाश में लाने, वातावरण की सृष्टि आदि अनेक प्रकार के लक्ष्य समक्ष रखकर किया जाता है। इनकी सबसे बड़ी खूबी यह होती है कि लेखक को स्वयं पाठक एवं पात्र के बीच आने की आवश्यकता नहीं पड़ती।

डॉ. गोविन्द त्रिगुणायत के शब्दों में–कथोपकथन भावों की अभिव्यक्ति के माध्यम के रूप में पात्रों का दास होता है, स्वामी नहीं। इसलिए यह अत्यंत आवश्यक है कि संवाद अत्यंत सरल हो।

शैली–उपन्यास आम व्यक्ति के पठन-पाठन तथा मनोरंजन का साधन है इसलिए इसकी भाषा और शैली का सरल सुबोध होना अत्यंत जरूरी है। भाषा भावों तथा पात्रानुकूल होनी चाहिए।

शैली की दृष्टि से आत्मकथा-शैली, पत्र-शैली, डायरी-शैली, कथा-शैली, जीवनी-शैली आदि नाना प्रकार की शैली में उपन्यास लिखे जा सकते हैं। किंतु कथा-शैली ही सर्वोत्कृष्ट होती है।

देशकाल-वातावरण–उपन्यास में भी देशकाल-वातावरण का पूर्ण ध्यान रखना पड़ता है। उपन्यासकार बड़ी सतर्कता से सामाजिक स्थितियाँ, रुचि-अरुचि, नए फैशन से लेकर राजनैतिक, धार्मिक, वैज्ञानिक या वैज्ञापनिक परिदृश्यों पर ध्यान देता है। ऐतिहासिक उपन्यासों का तो यह मूल आधार तत्त्व ही माना गया है।

उद्देश्य अथवा बीज–उद्देश्य रचनाकार की रचना में सदैव निहित होता है। यदि कोई विशेष उद्देश्य नहीं होता तो भी पाठकों का मनोरंजन का उद्देश्य तो होता है।

उपन्यास यथार्थवादी साहित्यिक विधा है। एक अच्छा साहित्यकार संवेदना, गहराई और विस्तार के साथ जीवन का सूक्ष्म निरीक्षण करता है और फिर उससे प्राप्त अपने अनुभवों को क्रमबद्ध रूप में प्रस्तुत करता है।

मेरा यह मानना है कि आज के उपन्यासों का मुख्य लक्ष्य मनोवैज्ञानिक विश्लेषण और उसके माध्यम से मानव मन की व्याख्या करना है।

उपन्यास के प्रकार–तत्त्वों के आधार पर हिंदी साहित्य में उपन्यास मुख्यतः तीन प्रकार के हैं–

1. घटना प्रधान 2. चरित्र प्रधान 3. घटना-चरित्र प्रधान।

घटना प्रधान–इस प्रकार के उपन्यास घटनाओं के घटाटोप से आच्छादित रहते हैं। कौतूहल, विस्मय, रहस्य, सनसनी इस कोटि की मुख्य विशेषताएँ हैं। इन उपन्यासों में चोरी, डकैती और जासूसी कार्यों का सिलसिला पाठक को भरपूर आनंद देता है। चंद्रकांता सन्तति, भूतनाथ और बाबू गोपालराम गहमरी के जासूसी उपन्यास इसी श्रेणी में आते हैं।

भारत के प्राचीन साहित्य का कथा-साहित्य, जातक की कथाएँ, सहस्ररजनी चरित्र आदि घटना प्रधान उपन्यास हैं। इन उपन्यासों में अधिकतर मनोरंजन होता

है। वीरता, दुःसाहस, कूद-फाँद, संदेहात्मक वातावरण, गोली-पिस्तौल, पीछा करना आदि कथानक को भरपूर रखते हैं। जीवन की अनुभूतियों की गंभीरता का अभाव रहता है। कहीं-कहीं पर मनोरंजन के साथ-साथ शिक्षा भी होती है।

2. **चरित्र प्रधान** उपन्यासों में लेखक का ध्यान चरित्र-चित्रण की ओर अधिक होता है। इन उपन्यासों में चरित्र आकर्षण का केंद्र बना रहता है। चरित्र की ही प्रधानता होती है। जीवन का सत्य उजागर होता है। इन उपन्यासों के पात्र घटनाओं में अधिक व्यस्त नहीं रहते। वे समाज की रीति-रूढ़ियाँ, परंपराओं तथा व्यवहार आदि से जकड़े रहते हैं तथा उसी वातावरण में विकसित होते हैं। चरित्र के प्रति मानव का सहज ही अनुराग है। ऐसे उपन्यास उचित-अनुचित का बोध करवा बोध वृत्ति को उत्तेजना देते हैं। अक्सर यह देखा जाता है कि किसी समाज के अपने विशेष नियम होते हैं उसके प्रतिकूल बहुत-सी घटनाएँ घट जाती हैं परंतु मनुष्य उस समय आदर्श की रक्षा के लिए यथार्थ पर आवरण डालने का प्रयत्न करता है। ऐसी स्थिति में चरित्र की अवस्था कुछ और ही हो जाती है। उग्रजी के 'बुधुआ की बेटी'।

वे अपने एक निश्चित स्वरूप को ही लिए प्रारंभ से अंत तक ऐसे विचरते हैं जैसे बाह्य जगत् उनके लिए अस्तित्वशून्य हो जाता है। वे अंतर्जगत् के संकेत से ही क्रियाशील होते हैं। आजकल मनोविश्लेषणात्मक प्रणाली के उपन्यास इसी कोटि में आते हैं।

3. **घटना-चरित्र-सापेक्ष**—जब उपन्यासकार अपने पात्रों को सजीव बनाते समय घटनाओं और पात्रों में आदान-प्रदान की व्यवस्था स्थापित कर देता है तो वह उपन्यास घटना-चरित्र-सापेक्ष कहलाता है। इसमें घटनाएँ पात्र के चरित्र में परिवर्तन लाती हैं और पात्र घटनाओं को जन्म देता प्रतीत होता है। इसमें पात्र को इतनी प्रधानता नहीं दी जाती कि उस पर प्रतिदिन घटनेवाली घटनाओं का असर न हो। वह तो परिस्थितियों के दबाव में पड़ा रहता है और कभी उनको अपने वश में करने का प्रयास करता है। कभी परिस्थिति प्रबल हो जाती है तो कभी वह उसको अनुकूल बना लेता है। इस प्रकार घटना और चरित्र में आदान-प्रदान चलता रहता है।

चरित्र प्रधान उपन्यासों की भाँति इसमें भी पात्र अपने कार्यों के लिए स्वयं उत्तरदायी होते हैं।

उक्त आधार के अतिरिक्त उपन्यासों के वर्गीकरण का एक अन्य आधार भी माना जाता है। इसका संबंध उपन्यास के प्रकथन-प्रकार या परिणाम के साथ

होता है। अर्थात् लेखक की मूल भावना या दृष्टिकोण के कारण उसमें एक प्रकार की विशेष भावनाओं की सृष्टि हो जाती है। इसी विशेषता की दृष्टि से उपन्यास के दो अन्य भेद हो सकते हैं—आदर्शवादी और यथार्थवादी।

आदर्शवादी—जिस उपन्यास की प्रकथन-शैली आदर्शवाद का आधार लेकर चलती है उसे आदर्शवादी उपन्यास कहते हैं।

इसकी प्रथम प्रमुख विशेषता है—अतीत के प्रति श्रद्धा।

आदर्शवादी उपन्यासकार प्राचीन व्यवस्थाओं पर अटूट विश्वास रखकर आगे बढ़ते हैं। उसे उनका उल्लंघन सदा असह्य होता है।

वेदना से निवृत्ति इसकी **दूसरी विशेषता** होती है, क्योंकि यथार्थता की अपेक्षा भावुकता की मात्रा प्रचुरता से रहती है। प्रायः यह इन कठोर परिस्थितियों से अपनी विमुखता तथा पलायनवादिता का परिचय देता है।

तीसरी विशेषता दैवी शक्ति पर विश्वास प्रकट करता है। आदर्शवादी की **चौथी विशेषता** है लघुता के प्रति विरक्ति। वह सदा अपने प्रधान पात्र को महापुरुष, इतिहास प्रसिद्ध व्यक्ति को चुनता है।

इसके चलते **पाँचवीं विशेषता** यह हो जाती है कि वह चारित्रिक दुर्बलताओं को सह नहीं सकता। ऐसा उदात्तचरित पात्र विरोधी पक्ष के पात्रों को दुर्बल प्रदर्शित करता है और उनके लिए गहरी घृणा को प्रकाशित करता है। वह पतन के लिए उन पात्रों को ही दोषी ठहराता है। वह इस बात को नहीं मानता कि सामाजिक तथा प्राकृतिक विवशताएँ मानव के पतन का कारण होती हैं, इसके चलते पापी घृणा का नहीं दया का पात्र होता है। वह तो पतित के प्रति घृणा, उपेक्षा प्रकट करना कर्त्तव्य मानता है। उसकी दृष्टि व्यक्ति पर न होकर समाज पर रहती है। वह समाज के लिए व्यक्ति की उपेक्षा समझ सकता है।

छठी विशेषता—वह न्यायपक्ष की विजय में विश्वास रखता है। वह अपने कथानक में सत्य और असत्य में, न्याय और अन्याय में, पुण्य और पाप में, मंगल और अमंगल में संघर्ष चित्रित करता है। उसे यह पूर्ण विश्वास है कि सदा सत्य की विजय होती है। इसी विश्वास के आधार पर वह अपने कथानक का अंत सत्य विजय के रूप में उजागर करता है। वह इस बात की उपेक्षा करता है कि दुनिया में सदा ईमानदार, सत्यवादी, धर्मात्मा, पुण्यात्मा ही विजयी नहीं होते।

सातवीं विशेषता—वह समाज में मंगल और शुभ चाहता है इसलिए कल्पित आदर्श रूप की स्थापना करता है। किंतु सत्य में ऐसी स्थापना सरल नहीं होती इसलिए वह कतिपय परिस्थितियों का निर्माण करता है, ऐसे आदर्श समाज की

रचना करता है जिसकी बागडोर केवल उसकी कल्पना में ही विद्यमान है, जिसका अस्तित्व बाह्यजगत् में संभव नहीं। वह सामाजिक कुरीतियों के अंत का, कल्पित समाधान भी प्रस्तुत करने के लिए आतुर रहता है।

आठवीं विशेषता–वह कला के साथ नीति का संबंध स्वीकार करता है क्योंकि वह साहित्य को समाज का मंगलकारी साधन बना देना चाहता है। वह उसे उपयोगिता की दृष्टि से आँकने लगता है। वह सौंदर्य को नजरअंदाज कर सकता है लेकिन उपयोगिता को नहीं।

नवीं विशेषता–उसकी जीवन-दृष्टि की पृष्ठभूमि में सांस्कृतिक मान्यताएँ रहती हैं। वह इन्हीं मान्यताओं का प्रबल समर्थक तथा नैतिक आदर्शों का प्रचारक तथा उपदेशक तक बनने लगता है।

यथार्थवादी–जिस उपन्यास की प्रकथन शैली और परिणाम-निर्धारण-शैली यथा संवाद का आधार लेकर चलती है उसे यथार्थवादी उपन्यास कहा जा सकता है, यथार्थवादी पुरानी बातों की अपेक्षा समसामयिक परिस्थितियों को अपनी विवेचना का विषय बनाता है।

पहली विशेषता–वह जीवन की वास्तविकता से प्रेम करता है। यदि वह वास्तविकता किसी प्राचीन व्यवस्था के उल्लंघन की प्रेरणा देती है तो वह उसके उल्लंघन के लिए तत्पर रहता है।

दूसरी विशेषता–नई आस्थाएँ उसको अपनी तरफ खींचती हैं और वह उनका यथातथ्य चित्रण करके आत्मतुष्टि अनुभव करता है।

तीसरी विशेषता–उसके कथानक में जीवन का वास्तविक चित्र प्रतिबिंबित होने लगता है। वह आदर्शवादी की तरह वैयक्तिक जीवन की वेदनाओं, पीड़ाओं, अभावों की ओर से मुँह नहीं मोड़ता।

चौथी विशेषता–उसे देवत्व पर विश्वास नहीं होता। वह मानवता का अटूट विश्वास धारण करता है। वह मानव को देवता बना किसी अदृश्य लोक की सैर नहीं करवाता। मानव, मानव बना रहे यही उसकी इच्छा है।

पाँचवीं विशेषता–वह लघुता का विरोधी नहीं, वह तो उसके प्रति पूर्ण सहानुभूति रखता है। आदर्शवादी जिसे तुच्छ, हीन दृष्टि से देखते हैं, जिसे साधारण कहते हैं उसे ही वह असाधारण एवं महान समझता है। वह अपने पात्र उच्च घरानों में नहीं ढूँढ़ता वह तो जर्जर टूटे-फूटे घरों के अंदर प्रविष्ट हो, वहीं से अपने पात्रों का चुनाव करता है।

छठी विशेषता–वह अपने पात्रों को उनकी चारित्रिक दुर्बलताओं के साथ

प्रकाश में लाता है। वह यह मानता है कि जब तब आत्मा इस भौतिक शरीर में बंद है तब तक वह वृत्तियों का दास है। चित्तवृत्तियों की चंचलता दबाई जा सकती है, रोकी जा सकती है, इनका नियंत्रण थोड़ी देर के लिए संभव है, परंतु इनका मूलतः उच्छेदन संभव नहीं। हाड़मांस वाले व्यक्ति में चारित्रिक दुर्बलताएँ अवश्य होंगी। वह इन दुर्बलताओं को अनिवार्य तथ्य रूप में स्वीकार कर लेता है। यही कारण है कि वह चारित्रिक दृष्टि से दुर्बल व्यक्तियों के प्रति घृणा प्रकट नहीं कर सकता। वह पापी के पाप का कारण ढूँढ़ता है। उसकी दृष्टि में पतन स्वाभाविक है।

सातवीं विशेषता–वह सामाजिक परंपराओं, रूढ़ियों, अंधविश्वासों को दोषी ठहराता है। तब उसके मन में विद्रोह की भावना प्रज्वलित हो उठती है। वह साहित्यिकों की प्राचीन रूढ़ि का त्याग करने को उद्यत हो जाता है। वह सत्य की विजय की घोषणा नहीं करता। वह सत्-असत् के संघर्ष में असत्य की विजय दिखाता है।

आठवीं विशेषता–वह सत्य की विजय के लिए मंगलकारिणी शक्तियों के प्रचार-प्रसार के लिए, सुख-शांति के लिए किसी कल्पित साम्राज्य की स्थापना का प्रारूप तैयार नहीं करता। वह तो वास्तविक परिस्थितियों के अनुरूप अपने नए संकल्पों, मान्यताओं, धारणाओं को प्रतिष्ठित करने के लिए सदैव तैयार रहता है।

आज के प्रायः समस्त उपन्यासकारों में यह यथार्थवादी प्रवृत्ति परिलक्षित होती है। प्रेमचंद तथा उनके उत्तरकालीन उपन्यासकार उद्‌घाटित विशेषताओं के आधार पर यथार्थवादी कहे जा सकते हैं। इन विशेषताओं से युक्त होने पर भी एक ही कोटि में इन सबको परिगणित नहीं किया जा सकता है। यथार्थवाद की इन विशेषताओं को ग्रहण करके चलने वाले उपन्यासकार अपनी काव्य संबंधी धारणाओं तथा जीवन मूल्यों के कारण भिन्न कोटि की रचनाएँ कर देते हैं।

यथार्थवादी उपन्यासों में श्रेणीभेद को स्पष्ट करने के लिए हमें इन धारणाओं तथा मान्यताओं पर ध्यान देना होगा।

- कुछ ऐसे यथार्थवादी उपन्यासकार हैं जो कला और नीति का संबंध मानते हैं। कला की उपयोगिता की दृष्टि से, प्रभाव की दृष्टि से देखते हैं।
- दूसरे ऐसे यथार्थवादी भी हैं–जो कला और नीति के भिन्न-भिन्न क्षेत्र समझते हैं।

- कुछ ऐसे हैं जो मार्क्सवादी विचारधारा को साहित्यिक क्षेत्र में अपनाकर उपन्यास-रचना करने में प्रवृत्त होते हैं।

इस प्रकार यथार्थवादी उपन्यासकारों के तीन रूप हो जाते हैं और उपन्यास भी तीन भिन्न प्रकार के माने जा सकते हैं–

1. भारतीय संस्कृति के पोषक
2. भौतिकतावादी मार्क्स के प्रभाव से प्रभावी (भौतिकतामूलक समाजनिष्ठ)
3. नवीन मनोविज्ञान के समर्थक

1. **भारतीय संस्कृति के पोषक**–इस श्रेणी में वे उपन्यासकार आते हैं जो साहित्य में सत्यम् शिवम् सुंदरम् की, धार्मिक मान्यताओं की उपेक्षा नहीं कर सकते। जो मान-अपमान की भावना सदा समक्ष रखते हैं। जो साहित्य में उपयोगिता के अन्वेषण की भावना ग्रहण करना अनिवार्य समझते हैं। जिनकी दृष्टि में नीति शून्य कला को कोई स्थान नहीं है। वे भारतीय संस्कृति की अपनी धारणाओं को आधार बनाते हैं। ऐसे उपन्यासकारों के उपन्यास आदर्शोन्मुख यथार्थवादी कहलाएँगे।

प्रेमचंद के उपन्यास इसी कोटि में आते हैं।

2. **भौतिकतावादी मार्क्स के प्रभाव से प्रभावी**–ऐसे उपन्यासकार मार्क्स के भौतिकतामूलक समाजनिष्ठ यथार्थवाद को लेकर चलने वाले हैं। इनके उपन्यासों में समाज के आर्थिक वैषम्य को लेकर विसंगतियों का चित्रण किया जाता है। ये लोग पूँजीवादी अर्थव्यवस्था को वर्गसंघर्ष का, आर्थिक शोषण का प्रधान कारण मानते हैं, अतः इनके उपन्यासों में पूँजीवाद के प्रति घृणा उत्पन्न करने का प्रयास विशेष रूप से होता है। शोषित वर्ग की शोचनीय दशा के करुणाजनक चित्रण को अपना प्रमुख ध्येय मानते हैं। ये पूँजीवादी व्यवस्था को हटाने के लिए अपने उपन्यासों में खून-खराबा यानी रक्त-क्रांति के पक्ष में होते हैं। यशपाल इसी प्रकार के यथार्थवादी उपन्यासकार हैं। दादा कामरेड, देशद्रोही, पार्टी कामरेड आदि उपन्यास साम्यवादी यथार्थवादी कहे जाते हैं।

3. **नवीन मनोविज्ञान**–ये उपन्यास व्यक्तिनिष्ठ यथार्थवादी हैं। साम्यवादियों की भाँति ये व्यक्ति को समाज की परिस्थितियों द्वारा परिचालित नहीं मानते। इनका यह मानना है कि मनुष्य को कर्म में प्रवृत्त करने वाली शक्ति व्यक्ति की अपनी भावना है। व्यक्ति अपनी भावना से परिचालित होता है। समाज की परिस्थितियों से कदापि नहीं। समाज के भीतर व्याप्त प्रत्येक प्रकार की धारणा का मूल स्रोत मानव का अन्तर्जगत् है। मानव जाति के प्रत्येक प्रकार के चिंतन

एवं व्यापार के मूल में गुप्त रूप से अवचेतन मन में दबे कतिपय प्रेरक संस्कार विद्यमान रहते हैं। मनोविज्ञान संबंधी नई मान्यताओं को ग्रहण करके ये लोग अपने कथानकों का निर्माण करते हैं। मनोवैज्ञानिक सिद्धांतों को अपनी रचनाओं की पृष्ठभूमि बनाकर यथार्थवादी अपने पात्रों का चित्रण भिन्न प्रकार से करते हैं। वे अपने पात्रों की सत्प्रवृत्तियों पर प्रकाश डालना जरूरी नहीं समझते। वे तो उनकी कुप्रवृत्तियों के अनावरण में, नग्न कर देने में ही अपनी सशक्त भूमिका समझते हैं।

इलाचंद्र जोशी का 'संन्यासी', अज्ञेय का 'शेखर : एक जीवनी', 'मैं सृष्टि की आत्मा हूँ', 'साइबर माँ' आदि उपन्यास मनोवैज्ञानिक यथार्थ के आधार पर लिखे गए हैं।

यथार्थवाद का एक अन्य रूप भी श्री जैनेन्द्र जी के उपन्यासों में उपलब्ध होता है। इस रूप को यथार्थोन्मुख आदर्श कह सकते हैं।

जिस प्रकार प्रेमचन्द मानव की सद्भावनाओं व सद्वृत्तियों पर विश्वास रखते हैं और इसी कारण से वे यथार्थ को ग्रहण करके भी आदर्शोन्मुख हो जाते हैं, इसी प्रकार जैनेन्द्र मनोवैज्ञानिक यथार्थ को ग्रहण करने में प्रवृत्त होकर भी आदर्श का सर्वथा परित्याग नहीं करते। आदर्श का स्वर मंद जरूर हो गया है लेकिन लुप्त नहीं। अतः यही कारण है कि उनके उपन्यासों में यथार्थोन्मुख आदर्श की झाँकी मिलती है। 'करवट लेता वक्त' की दीपाली हृदय में विद्यमान भारतीय संस्कारों के कारण एक ओर अपने नैतिक मूल्यों और चरित्र के उदात्त स्वरूप को दृढ़ता से निभाती है और होने वाले पति को भी भारतीयता के संस्कारों के समक्ष नत मस्तक करवाती है। इस प्रकार यथार्थोन्मुख आदर्श का दीपाली उदाहरण कहा जा सकता है।

निष्कर्ष यह है कि प्रेमचंद के आदर्शोन्मुख यथार्थवादी उपन्यास और जैनेन्द्र जी के यथार्थोन्मुख आदर्श-प्रधान उपन्यास यथार्थवादी ही कहे जा सकते हैं। साम्यवादी विचारधारा को अपनाने वाले उपन्यासों को प्रगतिवादी उपन्यास कहा जा सकता है।

मनोविश्लेषणात्मक प्रणाली में लिखे गए उपन्यासों को प्रकृतिवादी उपन्यास कह दिया जाता है।

2
कहानी

भूमिका

मानव जीवन के विकास के साथ ही कहानी का भी विकास मानना पड़ता है। मानव-स्वभाव है कि वह अपने अनुभव, ज्ञान-विज्ञान को दूसरों को सुनाना चाहता है और दूसरे के अनुभव सुनना चाहता है। अनादि काल से ही इस प्रकार की घटनाओं की कथा कहता-सुनता आ रहा है। यहीं से कहानी का आरंभ माना जाता है। प्रारंभिक अवस्था में कहानी का रूप मौखिक रहा। संस्कृत साहित्य के गद्य युग से इसका लिखित विकास होता चला आ रहा है। संस्कृत साहित्य में पंचतंत्र, हितोपदेश, बेताल पंचविंशति, 'कथा सरित सागर' आदि कहानी संग्रहों का सृजन हुआ। जैन और बौद्ध युग में जातक कथा अन्य धर्म-कथाएँ प्रचलित हुईं। इन कहानियों की शैली तथा इनके उद्‌देश्य भिन्न थे। इन कथाओं में कहानी की कलात्मकता का प्रभाव है।

अनेक विचारक कहानी को उपन्यास का लघुरूप और उपन्यास को बृहद् रूप मानते हैं। प्रसिद्ध पाश्चात्य आलोचक हडसन ने कहानी को उपन्यास का आनेवाला रूप कहा है और इन दोनों साहित्यिक विधाओं के बीच विषय और शिल्पगत अभेदता स्थापित की है। किंतु भारतीय विद्वान इस अभेदता को स्वीकार नहीं करते।

परिभाषा

कथाकार **मुंशी प्रेमचंद** के विचार में–"कहानी एक ऐसी रचना है जिसमें जीवन के किसी एक अंग या किसी एक मनोभाव को प्रकट करना ही लेखक का उद्‌देश्य रहता है।...उपन्यास की भाँति उसमें मानव जीवन का संपूर्ण तथा बृहद् रूप दिखाने

का प्रयास नहीं रहता। न उसमें उपन्यास की भाँति सभी रसों का सम्मिश्रण ही किया जाता है। वह एक रमणीय उद्यान नहीं जिसमें भाँति-भाँति के बेल-बूटे सजे हुए हैं बल्कि एक ऐसा गमला है जिसमें एक पौधे का माधुर्य अपने समुन्नत रूप में दृष्टिगोचर होता है।"

बाबू गुलाबराय के अनुसार—कहानी अपने पुराने रूप में उपन्यास की अग्रजा है और एक रूप में उसकी अनुजा। अर्थात् संसार में कहानियों की रचना उपन्यास से पहले आरंभ हुई थी इसलिए वह उपन्यास की बड़ी बहन हुई। भाई-बहन का यह संबंध यह प्रकट करता है कि दोनों के मूल रचनात्मक तत्त्व समान ही हैं। विद्वानों ने इन दोनों के एक जैसे छह तत्त्व माने हैं। इस प्रकार यह स्पष्ट है कि कहानी और उपन्यास में एक मौलिक अंतर है जो इस प्रकार है—

कहानी विधा : सैद्धांतिक पक्ष

कहानी के तत्त्व वही होते हैं जो उपन्यास के होते हैं। परंतु विनियोग विधि नितांत भिन्न होती है। सामान्यतः कहानी के तत्त्व हैं—कथावस्तु, पात्र और चरित्र-चित्रण, कथोपकथन/संवाद, देश-काल, विचार-उद्देश्य, शैली।

कथावस्तु

किसी भी रचना में कथावस्तु का स्थान महत्त्वपूर्ण होता है क्योंकि उसी पर वह ढाँचा खड़ा किया जाता है। प्रारंभ में कहानी के लिए कथावस्तु ही इसका सब कुछ थी। कालान्तर में कहानी-कला में विकास होता गया, कथावस्तु की स्थिति बदलती रही। यह स्थिति तब से उभर रही है जब से कहानी में मनोवैज्ञानिक अनुभूति और मनोविश्लेषण का आगमन हुआ है। अब कथा सूक्ष्म से सूक्ष्मतर होती गई।

- कहानी की कथावस्तु का विकास उपन्यास से भिन्न होगा।
- कहानी में वर्णित घटना आरंभ होकर परिणाम की ओर तीव्रता से बढ़ने लगती है।
- कहानी के विकास-क्रम में वक्रता नहीं होती।
- एकता और अन्विति कहानी की कथावस्तु के विशेष गुण हैं।
- अप्रत्याशित परिणाम कहानी को रोचक बना देता है।
- संघर्ष के उल्लेख से कहानी के कुतूहल की वृद्धि होती है। संघर्ष प्रारंभ होकर क्रमशः उत्कर्ष को प्राप्त करता हुआ अंत में अपनी चरम सीमा तक पहुँच जाता है। यहीं कहानी का भी अंत हो जाता है। संघर्ष

की चरमावस्था कहानी के परिणाम या प्रभाव को तीव्र बना देती है।

- कहानी का प्रारंभ ऐसे ढंग से होना चाहिए जो पाठक के मन को आकर्षित इस प्रकार करे कि अपने साथ बाँध ले। उसका पहला वाक्य ही हृदय में जिज्ञासा-वृत्ति को जगानेवाला होना चाहिए।
- इसी प्रकार कहानी का अंत भी पाठक के हृदय को पुलकित एवं रोमांचित करनेवाला होना चाहिए। यह अंत इस प्रकार पाठक के मन में डाले कि पाठक का रोम-रोम प्रभावित हो उठे।

इस संदर्भ में यह कहा जा सकता है कि कहानी एक दौड़ है जो एक बिंदु से प्रारंभ हो झट दूसरे बिंदु पर समाप्त हो जाती है।

श्री ऐलरी सैजविज [Ellery Sedgewich] का भी कथन इसी प्रकार का हैं—"A story is like a horse race. It is the start and finish that counts most." कहानी घुड़दौड़ के समान है।

इसमें आरंभ और अंत का ही महत्त्व है। कथावस्तु के अंतर्गत वर्णन और कार्यकलाप में उचित तारतम्य से उसकी रोचकता बढ़ जाती है।

पात्र

कहानी में पात्र ही कथानक के वाहक होते हैं जो कथावस्तु को प्रारंभ से लेकर अंत तक ले जाते हैं। सही पात्रों के चयन से ही कथानक में बल आता है।

उपन्यास की भाँति कहानी भी मानव-जीवन के साथ घनिष्ठता से संबंध रखती है। कहानी में जिस घटना या समस्या को उठाया जाता है उसका संबंध पात्र या पात्रों के जीवन के साथ होता है अतः इससे पात्र या पात्रों के जीवन पर प्रकाश पड़ता है।

- कहानी में घटना या प्रसंग छोटा होता है अतः पात्रों की संख्या कम हो जाती है उपन्यास की भाँति नहीं। कहानी में एक पात्र के संपूर्ण जीवन का प्रदर्शन भी नहीं किया जा सकता। उसमें पात्र के कथनानुसार जीवन के अपेक्षित अंश पर ही प्रकाश डाला जाता है।
- कहानीकार पात्र के जीवन के एक पक्ष को अपना ध्येय बना लेता है और उसी पक्ष को प्रस्तुत करने हेतु अपनी घटना या समस्या का संग्रह करता है।
- घटना-वर्णन तथा समस्या-उद्‌घाटन में चरित्र का इच्छित अंश कहानीकार की कुशलता से चमकने लगता है।
- कहानी के चरित्र-चित्रण की यही एक विशेषता है कि जितना अंश

कहानीकार लेता है उतने अंश को सजीव चित्ताकर्षक बना देता है।

- घटना या समस्या का प्रभाव पात्र पर पड़े और पात्र की इच्छा और प्रयत्न द्वारा घटना का निर्माण होता चला जाए तो पात्र सजीव हो उठते हैं।
- कहानी के पात्र कहानीकार के अपने व्यक्तित्व के प्रतीक नहीं होने चाहिए। उन्हें तो स्वतंत्र व्यक्तित्व धारण करके ही कहानी-जगत् में भ्रमण करना चाहिए।
- जब किसी वाद अथवा विशेष विचारधारा का प्रतिपादन करना होता है तो कहानीकार उसके अनुरूप पात्र सृष्टि करता है तो पात्र पर परिस्थितियों का प्रभाव चित्रित नहीं किया जाता, ऐसा करने से पात्र निर्जीव कठपुतली की तरह विचरता प्रतीत होता है।
- जब कहानीकार अपने पात्रों को उच्च या निम्न प्रकृति का चित्रित करता है तो उसमें किसी भी स्थिति में परिवर्तन या विकास उत्पन्न नहीं होता तब वह आदर्श पात्र के रूप में चित्रित करता है। ऐसे पात्र इस लोक के न होकर किसी अन्य लोक के ही प्रतीत होते हैं। और अस्वाभाविक या कृत्रिम प्रतीत होते हैं। कहानीकार अपने पात्र संसार से ही ग्रहण करता है और धरती पर विचरण करनेवाला संसार में ऐसा कोई नहीं है जो सर्वथा निर्दोष या गुणहीन हो।
- आदर्श एवं उच्च वर्ग के पात्रों की रचना करते हुए कहानीकार उनमें खामियाँ वर्णित कर सकता है।
- नीच या निम्न वर्ग के पात्रों की रचना करते हुए कहानीकार उनमें मानवता के किसी गुण की प्रतिष्ठा कर सकता है।
- आदर्श एवं महान व्यक्ति की दुर्बलता पर प्रकाश डाल वह उसे सजीव बना सकता है।
- नीच या निम्न में मानवता का कोई गुण भर वह उसे सजीव बना सकता है।

कहानी में चरित्र-चित्रण का महत्त्व बहुत अधिक है और उसके लिए निपुणता की आवश्यकता होती है।

चरित्र-चित्रण के प्रकार

कहानीकार को पूर्ण स्वतंत्रता होती है कि वह पात्र के चरित्र का विश्लेषण स्वयं

पाठक के समक्ष उपस्थित होकर करे। इसके साथ-साथ वह नाटकीय परोक्ष शैली का सहारा ले सकता है। वह पात्रों के वार्त्तालाप के द्वारा, पात्रों के विचारों द्वारा चरित्र-चित्रण कर सकता है।

पात्र के अपने संवाद भी उसके चरित्र को प्रकाश में लाते हैं।

- कहानी में परोक्ष चित्रण ही अधिक रहना चाहिए। प्रवाह की तीव्रता इसी से सुरक्षित तथा बलवती रह सकती है।
- कहानीकार को वस्तु-व्यापार में बहुत कम आना चाहिए।
- इसी बात का संकेत श्यामसुंदर दास के शब्दों में मिलता है जब वह कहानी को नाटकीय आख्यान कहते हैं। तब उनका अभिप्राय यही है कि इसमें कहानीकार अपनी ओर से कुछ न कहे। इसमें जो कुछ कहा जाए वह नाटकीय प्रणाली से ही कहा जाए। यही बात चरित्र-चित्रण पर भी लागू होती है।
- पात्र के चरित्र का चित्रण करते समय लेखक को नाटकीय परोक्ष-प्रणाली को ही अपनाना चाहिए।

चरित्र-चित्रण के प्रायः चार प्रकार माने जाते हैं–

1. कहानीकार के वर्णन द्वारा
2. संकेत द्वारा
3. वार्त्तालाप द्वारा
4. कार्य-व्यापार या घटनाओं द्वारा।

संकेतात्मक तथा वार्त्तालाप प्रणाली ही कहानी के लिए अधिक उपयुक्त होती है।

कथोपकथन

कहानी की बनावट में कथोपकथन का महत्त्वपूर्ण स्थान होता है। कहानी में नाटकीयता का पुट इसी के द्वारा भरा जा सकता है। इससे कहानी का कल्पना जाल वास्तविक प्रतीत होने लगता है।

- पात्र का चरित्र प्रकाश में आता है।
- कहानी में गतिशीलता आती है।
- कहानी में प्रवाह, सजीवता, औत्सुक्य कथोपकथन के माध्यम से उत्पन्न होता है।
- कहानी छोटी रचना है अतः संवादों में किसी अनावश्यक वाक्य विन्यास को स्थान नहीं होता।

- सरल वाक्यों में पात्रों की बातचीत होनी चाहिए।
- लंबे-लंबे वाक्यों का प्रयोग उचित नहीं होता।
- भाषा भावों के अनुकूल होनी चाहिए।
- भाषा की शिथिलता कथोपकथन के माहात्म्य को नष्ट कर देती है।
- आलंकारिक तथा प्रतीकात्मक भाषा के प्रयोग से काव्यत्व गुण भले आ जाए लेकिन कथा-प्रवाह में बाधा उपस्थित हो जाती है।

देश-काल वातावरण

कहानी का आधार मानव जीवन है। मानव जीवन देश-काल और जीवन की विभिन्न सत्-असत् परिस्थितियों से बनता है। अतः इन तत्त्वों का एक स्थान पर संचयन और चित्रण करने से वातावरण का निर्माण होता है।

कहानीकार अत्यंत संक्षेप में संकेत द्वारा घटनाओं की स्थिति पर प्रकाश डालता है।

- प्राकृतिक वातावरण को भी कहानीकार प्रस्तुत कर सकता है।
- प्रकृति के दृश्यों में और पात्र की मनःस्थिति में समय का वैषम्य भरकर कहानी में रोचकता तथा मर्मस्पर्शिता की सृष्टि करता है।

प्रभावान्विति

डॉ. जगन्नाथ शर्मा ने कहा है–"विषय का एकत्व जिस समय एकोन्मुख होकर बुद्धि और हृदय को स्पंदित करता है उस समय स्पंदित करनेवाली शक्ति प्रभावान्वित होती है।... कहानीकार कहानी के विषय को इस क्रम से उपस्थित करता है कि अंत तक आते-आते स्थान-स्थान पर उत्पन्न होने वाले विभिन्न प्रभाव इस प्रकार सिमटते और एक-दूसरे से संयुक्त होते चले जाते हैं कि उनका एक सम्मिलित प्रभाव-व्यूह तैयार हो जाता है और वह सभी आकार एक स्थल पर आन्वित हो उठते हैं। इसी को प्रभावों की अन्विति या समष्टि माननी चाहिए। यही कहानी की सबसे बड़ी विभूति होती है।

ब्रेंडर मैथ्यू के अनुसार–उपन्यास इस प्रभावान्विति से शून्य होता है।[1] उपन्यास में इस प्रभावान्विति का अभाव होता है। विचारणीय तथ्य यह है कि उपन्यास में प्रभावान्विति का अभाव दोष न कहलाकार गुण कहलाता है।

डॉ. जगन्नाथ शर्मा के शब्दों में–"कहानी यदि अपने एकोन्मुख समष्टि

---

1. A good short story differs from the Novel chiefly in its essential unity which a Novel can not have.

प्रभाव के माध्यम से हमारे चित्त को पूर्णतया झंकृत और आंदोलित करके हमें अनुमान, कल्पना और जिज्ञासा के उन्मुक्त द्वार पर ला खड़ा करती है तो उपन्यास जीवन के विविध क्षेत्रों की झाँकी देकर सारे रहस्यों और वस्तुस्थितियों से परिचित कराकर हमारे भीतर एक पूर्णतया विधायक संतुष्टि उत्पन्न करता है।''

आकार–कहानी और उपन्यास में आकार संबंधी भी बहुत अंतर होता है। कहानी के आकार में यह मत प्रचलित है कि इसकी लंबाई इतनी होनी चाहिए कि एक ही बैठक में पढ़ी जाए। उपन्यास के संबंध में कोई प्रतिबंध नहीं है।

कहानी कला की दृष्टि से कहानी उपन्यास का लघु रूप नहीं है। दोनों ही स्वतंत्र विधाएँ हैं।

डॉ. प्रकाशचंद्र गुप्त के मतानुसार–''कहानी के पीछे सृजनात्मक प्रेरणा क्षणिक होती है, शिखाज्वाला के समान जो शीघ्र ही बुझ जाए। उपन्यास में सृजन प्रेरणा को समय की लंबी अवधि तक घोषित करना होता है। कहानी जीवन की सूक्ष्म झलक मात्र हो सकती है, उपन्यास जीवन की विशालता, बहुरूपता और जटिलताओं का अंकन करता है। हम कह सकते हैं कि कहानी और उपन्यास का वैसा ही संबंध है जैसा गीत का महाकाव्य से अथवा एकांकी का सर्वांग नाटक से।''

कल्पना–कहानी अथवा उपन्यास लेखन में लेखक स्वतंत्र होता है किंतु इतना आवश्यक है कि कल्पना में नवीनता की दिशा हो।

अंतर्द्वन्द्व–कहानी में किसी प्रकार के अंतर्द्वन्द्व की स्थिति कम होती है जबकि उपन्यासकार को मनोवैज्ञानिक आधार पर अंतर्द्वन्द्व को विस्तृत करने की स्थिति होती है।

विचारों एवं भावों का उद्घाटन–इस दृष्टि से कहानीकार का चयन अधिक विवेकपूर्ण होता है। कहानीकार स्मृति से अधिक विस्मृति का आधार लेता है। उपन्यासकार को मनोवैज्ञानिक आधार पर अंतर्द्वन्द्व का विस्तार देने की पूरी छूट होती है।

इतिवृत्तात्मकता–उपन्यास गद्यमय महाकाव्य है अतः यही कारण है कि उपन्यासकार महाकाव्य की भाँति इतिवृत्तात्मकता और रागात्मकता, रसात्मकता उत्पन्न करने में स्वतंत्र होता है कहानी में गुंजाइश नहीं होती। कहानी में सर्वत्र व्यंजनामूलक रसात्मकता का ही महत्त्व पाया जाता है।

शैली–दोनों की शैली में पर्याप्त अंतर रहता है, कहानी की शैली के प्राण व्यंजकता और ध्वन्यात्मकता हैं। उपन्यास में विश्लेषणात्मक शैली का प्रयोग किया जाता है।

चरित्र-चित्रण–इस संदर्भ में **प्रेमचंद** के शब्दों में–"कहानी में बहुत विस्तृत विश्लेषण की गुंजाइश नहीं होती। वहाँ पर हमारा उद्‌देश्य संपूर्ण मनुष्य को चित्रित करना नहीं होता। अपितु चरित्र के रूप दिखाना होता है।" कहानीकार जीवन के व्यापक फलक को बखूबी स्वरूप या पृष्ठभूमि नहीं बना सकता। वह कहानी में सामयिक, सामाजिक, राजनीतिक, धार्मिक, आर्थिक, सांस्कृतिक, अथवा अन्य परिस्थितियाँ अपने सूक्ष्म, संक्षिप्त रूप में ही दे सकता है।

पात्र की मानसिक स्थिति का विश्लेषण भी किया जा सकता है परंतु यह सब इतने संक्षेप में कि प्रवाह निर्बाध रहे और क्षिप्र गति से अंत तक पहुँचे।

विचार या उद्‌देश्य

कहानी में वर्णित घटनाएँ या समस्याएँ यथार्थ जीवन से ग्रहण की जाती हैं। कहानीकार का अपना दृष्टिकोण भी कहानी के विधान में शामिल हो जाता है। यह साहित्यिक रचना होने के कारण लेखक अपनी अनुभूतियों अथवा विचारों को प्रकट करने के लिए कहानी का माध्यम अपनाता है। अपने विचारों को प्रकट करते हुए उसे यह ध्यान रखना होता है कि जीवन का दर्शन नहीं अपितु जीवन के किसी अंश का प्रकथन मात्र कर रहा है।

- कहानीकार को उपदेशक का चोला नहीं पहनना चाहिए।
- मनोरंजन की सरस धारा का प्रवाह निर्बाध होना चाहिए।

कहानी के प्रकार

आज कहानी-साहित्य में अनेक प्रकार से विकास हो रहा है। इसका वर्गीकरण करने के लिए कई आधार हो सकते हैं।

1. वर्ण्य विषय की दृष्टि से कहानी–

सामाजिक, ऐतिहासिक, धार्मिक, आर्थिक, राजनीतिक, मनोवैज्ञानिक हो सकती हैं।

1. सामाजिक कहानी में समाज की सामयिक समस्या को वर्ण्य विषय बनाया जाता है। इसी के अंतर्गत पारिवारिक समस्या आदि की कहानियों का समावेश हो जाता है। जैसे प्रेमचंद की शत्‌रंज के खिलाड़ी।

2. ऐतिहासिक कहानी–जब इतिहास के किसी प्रसंग को आधार बनाकर लेखक अपनी मधुर कल्पना से उसे रोचक बना पाठक के समक्ष प्रस्तुत करता है तो वह ऐतिहासिक कहानी कहलाती है। प्रेमचंद की 'राजा हरदौल'।

3. **धार्मिक कहानी**–सामाजिकों के मूल्य विघटन अथवा गुमराह की स्थिति उभरती है तो कहानीकार उनकी श्रद्धा को आधार देने के लिए कहानी लिखते हैं।

4. **आर्थिक कहानी**–जिसमें मानव जीवन की आर्थिक स्थिति, आर्थिक संकट के चलते विघटित होते मूल्यों की चर्चा हो।

5. **राजनीतिक कहानी**–देश में राजनीतिक उथल-पुथल के कारण उत्पन्न होने वाली परिस्थितियों को आधार बना कर लिखी जानेवाली कहानी राजनीतिक कहला सकती है। इसी भाँति राजनीतिक अभियानों अथवा आंदोलनों में सम्मिलित होने वाली पीढ़ी के स्वदेश-प्रेम, त्याग, साहस तथा जीवनोत्सर्ग का चित्र प्रस्तुत करनेवाली कहानियाँ इसी कोटि में आती हैं।

6. **मनोवैज्ञानिक कहानी**–जिन कहानियों में मानव-मन मंथन और विश्लेषण होता है अथवा जीवन की असाधारण परिस्थितियों में मन की प्रवृत्ति का प्रदर्शन होता है, वह कहानी मनोवैज्ञानिक कहलाती है। इस वर्ग की कहानियों के दो रूप होते हैं। एक रूप वह है जब कहानी मानव जीवन के शाश्वत स्वरूप पर प्रकाश डालती है और मानवता का स्वर ऊँचा करती है।

दूसरी–मनोवैज्ञानिक कहानी वह है जिसमें असाधारण परिस्थितियों में विचरते मानव का प्रदर्शन किया जाता है। इसमें मनोविज्ञान के सिद्धांतों या रहस्यों को विशेष आधार बनाकर कहानी लिखी जाती है।

घटना प्रधान कहानी–जिस कहानी में घटनाओं की भरमार रहती है, जैसे–विश्वम्भरनाथ कौशिक की 'ताई'।

चरित्र प्रधान–जिसमें किसी चरित्र को ही प्रमुखता प्रदान कर उसका चित्रांकन हो जैसे प्रेमचंद की 'बूढ़ी काकी'।

वातावरण प्रधान–जिसमें चरित्र और घटनाओं के स्थान पर वातावरण को प्रमुखता दी जाती है जैसे प्रसाद की 'आकाशदीप'।

भाव प्रधान–जिसमें किसी भाव विशेष पर बल दिया जाता है जैसे जैनेंद्र की 'नीलम देश की राजकन्या'।

आंचलिक कहानी–इसमें किसी विशेष अंचल को दृष्टि में रखकर कहानी का सृजन होता है जैसे–फणीश्वरनाथ रेणु की 'पंचलाइट'।

इसके अलावा जासूसी कहानियाँ, साहसिक कहानियाँ, शिकार की कहानियाँ आदि अनेक हैं।

वर्ण्य विषय की दृष्टि से कहानी के उक्त भेदों के अलावा अन्य भेद या श्रेणियाँ बनाई जा सकती हैं। समाज के भिन्न-भिन्न क्षेत्रों के बीच घटने वाली घटनाएँ आदि अलग वर्ग में रखी जा सकती हैं।

हास्य-व्यंग्य प्रधान कहानियाँ अलग कोटि में रखी जा सकती हैं। समाज की बुराइयाँ और दोषों को हास्य-विनोद द्वारा सही राह पर लाने वाली कहानियाँ इसी वर्ग में आती हैं।

शैली

कहानियों को **शैली-तत्त्व** की दृष्टि से पाँच भेदों में बाँटा जा सकता है–

1. ऐतिहासिक अथवा वर्णनात्मक-शैली वाली कहानी
2. आत्मकथात्मक शैली वाली कहानी
3. कथोपकथन शैली वाली कहानी
4. पत्रात्मक शैली वाली कहानी
5. प्रतीकात्मक शैली वाली कहानी।

प्रकथन के प्रकार और परिणाम-निर्देश की दृष्टि से कहानी आदर्शवादी, यथार्थवादी, प्रगतिवादी आदि गुणवत्तायुक्त हो सकती है।

दूसरी इकाई/वर्ष

3
नाटक

भूमिका

भारतवर्ष में ही नहीं वरन् विश्व के समस्त देशों में नाटक सदा से लोकानुरंजन का प्रमुख साधन रहा है। वाङ्मय के विभिन्न रूपों में नाटक ही सर्वश्रेष्ठ माना गया है, इसीलिए कहा गया है—काव्येषु नाटकं रम्यम् अर्थात् काव्य के रूपों में नाटक ही सबसे अधिक रमणीय है। इसका कारण यह है कि नाटक में काव्य के अतिरिक्त गीत, वाद्य, नृत्य, नृत्त, आलेख्य, वेश-विन्यास, केश-विन्यास, आभूषण, दृश्य अभिनय आदि कई प्रकार की कलाओं का एक साथ रस मिलता है। सब प्रकार की रुचि वाले लोग नाटक से समस्त आनंद प्राप्त कर लेते हैं। इसीलिए महाकवि कालिदास ने अपने 'मालविकाग्निमित्र' नाटक के प्रथम अंक में नाट्याचार्य गनदास से नाटक की प्रशंसा में कहलवाया है—नाट्यं भिन्नरुचेर्जनस्य बहुधाप्येकं समाराधनम्—भिन्न रुचिवाले लोगों के लिए प्रायः नाटक ही ऐसा मनोरंजन है जिसमें समान रूप से आनंद मिलता है। नाटक तथा एकांकी दृश्य काव्य हैं। इन्हें दृश्य साहित्य माना जाता है। इन्हें सुनने के साथ-साथ देखा भी जा सकता है, अर्थात् उसके द्वारा आनंदानुभूति के लिए आँख और कान दोनों इंद्रियों को माध्यम बनाया जा सकता है। दर्शक स्वयं घटना को घटते देखते हैं। इस साहित्य की खूबी यह है कि शिक्षित-अशिक्षित दोनों इसका रसास्वादन कर सकते हैं।

भारतीय काव्यशास्त्र में दृश्य साहित्य के लिए 'रूपक' संज्ञा का प्रयोग होता था। इसका कारण यह है कि नट-नटी अन्य लोगों के व्यक्तियों का अपने ऊपर आरोप कर अभिनय करते हैं। अर्थात् कोई राम बनता है तो कोई हनुमान या रावण आदि। रूप के आरोप के कारण ही यह साहित्य विधा रूपक कहलाई।

आधुनिक काल में रूपक के स्थान पर 'नाटक' शब्द का प्रयोग होता है,

जो कि प्राचीन काव्य-शास्त्र में रूपक के दस भेदों में से पहला भेद था। नाटक शब्द के मूल में नट शब्द है, जिसका अर्थ अभिनयकर्त्ता होता है, इस प्रकार संकेत रूप में नाटक शब्द का अर्थ हुआ, वह कृति जिसमें नट-नटी द्वारा अभिनय होता है।

नाटक रचना की मूल प्रेरकवृत्ति

नाटक के उद्भव के मूल में मानव की सहज वृत्तियाँ काम करती हैं। परीक्षण एवं विश्लेषण करने पर ये इस प्रकार उजागर होती हैं–

1. अनुकरण की वृत्ति
2. आत्मविस्तार की वृत्ति
3. आत्मप्रकाशन की वृत्ति
4. लोकरक्षा भावना
5. जातिरक्षा भावना

1. **अनुकरण की वृत्ति**–यह प्रवृत्ति छुटपन में ही अंकुरित हो जाती है। बालक पिता की टोपी या पगड़ी पहन, अथवा चश्मा पहन अखबार पढ़ने की नकल करता है, उसी भाँति बालिका भी माँ की नकल करती है। इस अनुकरण की वृत्ति को ही नाटक कह सकते हैं। इस प्रवृत्ति की अभिव्यक्ति करने का सभ्य और संस्कृत साधन है, नाटक। अनुकरण की वृत्ति को अभिनय कह सकते हैं। यही अभिनय नाटक का प्राण है।

2. **आत्मविस्तार की वृत्ति**–यह मानव की सहज वृत्ति है कि वह अपनी शक्ति, अधिकार तथा आनंद के साधनों का विस्तार करे। वह सदा अपनी आनंद-सीमा का विस्तार करना चाहता है। नाटक इस वृत्ति का एक माध्यम है।

3. **आत्मप्रकाशन की वृत्ति**–आत्मविस्तार की भाँति ही आत्मप्रकाशन की वृत्ति भी मानव की एक सहज स्वाभाविक वृत्ति है। साहित्य की अन्य विधाओं की अपेक्षा नाटक में कलाकार आत्मप्रदर्शन करने में सफल होता है। नाटक की शब्द-योजना, वेश-सज्जा, अंग-चालन, रंगमंच स्थापना अनेक व्यक्तियों के मानसिक और चारित्रिक वैशिष्ट्य को साकार रूप प्रदान करने में सहायक होती है।

4. **लोकरक्षा भावना**–नाटक का संबंध लोक से होता है। लोक में होने वाली कुप्रवृत्तियों का पर्दाफाश कर लोक को दिशा देने का यह सशक्त माध्यम है। अपनी संस्कृति की रक्षा की स्थितियाँ उभारकर प्रेरणा भरने का कार्य करती है।

5. जातिरक्षा भावना–कतिपय प्रवृत्तियाँ अनचाही-चाही सब गुप्त रूप से समाज में निहित रहती हैं। नाटक के माध्यम से उन पर प्रकाश पड़ता है। दर्शक यह समझ पाता है कि उसका अपना समाज किस ओर बढ़ रहा है। जन-समुदाय अपनी हानि से बचने का उपाय ढूँढ़ने लगता है। नाटक के साथ जाति-रक्षा का भाव भी जुड़ा रहता है। वस्तुतः यह भावना नाटक के महत्त्व के संबंध के साथ जुड़ी होती है।

नाटक के तत्त्व

आधुनिक हिंदी साहित्य के नाटक भारतीय नाट्य प्रणाली के अनुसार नहीं लिखे जाते। भारतेंदु युग में मौलिक हिंदी नाटकों में भारतीय प्रणाली का प्रयोग नहीं किया गया। भारतेंदु को हिंदी में नाटक साहित्य का प्रवर्त्तक कहा जा सकता है। उन्होंने समन्वय का मार्ग अपनाया। उनके मन में प्राचीनता का मोह भी प्रबल था और नवीनता के प्रति आकर्षण भी प्रबल, अतः उन्होंने मध्य मार्ग का अनुसरण किया।

आलोच्यकाल में अंग्रेजी नाटकों का प्रभाव साहित्यकारों पर पड़ने लगा। पूर्व और पश्चिम का यह समन्वय भावी विकास में बड़ा सहायक सिद्ध हुआ। भारतेंदु ने अपने मौलिक नाटकों की रचना में नवीनता का पर्याप्त सम्मिश्रण किया। भारतेंदु के पश्चात् भारतीय नाट्य प्रणाली का मोह क्रमशः क्षीण होता चला गया। आज की स्थिति यह है कि हमारा नाटक साहित्य पाश्चात्य नाट्य प्रणाली का ही अनुसरण करता दिखाई देता है।

नाटकीय सिद्धांतों की समीक्षा करते समय पाश्चात्य नाट्य प्रणाली का विवेचन न करना उचित न होगा अतः पाश्चात्य नाट्य प्रणाली के अनुसार नाटकीय तत्त्वों पर प्रकाश डाला जाता है।

अरस्तू ने त्रासद ट्रेजडी के छह तत्त्व माने हैं–इतिवृत्त (प्लाट), आचार (मैनर) विचार (थॉट), दृश्य, वर्णन शैली और गीत। किंतु नाट्याचार्यों ने इनसे कुछ भिन्न अग्रांकित छह तत्त्व माने हैं–कथावस्तु, चरित्र-चित्रण, कथोपकथन, संवाद शैली, देशकाल और उद्‌देश्य।

आधुनिक वैज्ञानिक नाट्याचार्यों ने चरित्र-चित्रण के बदले पात्र और चार नए तत्त्व–कुतूहल, घात-प्रतिघात, द्वंद्व और अभिनयशीलता जोड़ दी है। फिर भी इन छह तत्त्वों पर ही समीक्षा की जाती है–

कथावस्तु, पात्र चरित्र-चित्रण, कथोपकथन, संवाद शैली, देशकाल और उद्‌देश्य।

कथावस्तु

नाटककार को अपने कथानक की रचना के संबंध में सर्वप्रथम समुचित संक्षिप्तता पर सावधानी से ध्यान देना पड़ता है। संक्षिप्तता की रक्षा हेतु उसे केवल उन्हीं घटनाओं पर ध्यान केंद्रित करना होता है जो नाटकीयता लिए हों।

नाटकीय कथावस्तु का दूसरा मुख्य बिंदु संघर्ष होता है। इस दृष्टि से प्रत्येक नाटकीय कथा किसी संघर्ष का परिणाम होती है। यह संघर्ष प्रतिद्वंद्वियों, भावनाओं या स्वार्थों में निहित होता है। अच्छे-बुरे का यानी कि भावनाओं का संघर्ष नायक और खलनायक का रूप धारण करके सम्मुख आता है। नाटक की कथावस्तु में किसी प्रकार का संघर्ष होना सिद्धांत रूप से अनिवार्य होता है। यह एक प्रकार से नाटक का मेरुदंड होता है। जिन नाटकों में इस संघर्ष का अभाव रहता है वे दोषयुक्त माने जाते हैं। इस संघर्ष से ही कथावस्तु का प्रारंभ होता है।

संघर्ष के प्रारंभ काल में जो बिपदाएँ प्रतिपक्ष की ओर से उत्पन्न होंगी, वे सामान्य रूप से निरंतर बढ़ती जाएँगी और अंत में ऐसे बिंदु पर पहुँच जाएँगी जहाँ से एक पक्ष की सफलता की ओर कथा मोड़ लेने लगेगी। इसके साथ-साथ घटनाओं की प्रगति थोड़ी-बहुत, छोटी-मोटी मुसीबतों के साथ भलाई की बुराई पर या बुराई की भलाई पर विजय की ओर उन्मुख होती जाएगी।

यह स्पष्ट है कि नाटकीय कथा के विकास में एक निश्चित क्रम रहता है। इसीलिए प्रत्येक नाटकीय कथा के मध्य में एक प्रकार की रेखा स्पष्ट रूप से उजागर की जा सकती है। इस रेखा को 'नाटकीय रेखा' (Dramatic line) कह दिया जाता है। प्रारंभ में नाटक में कुछ ऐसी घटनाएँ बिन्यस्त की जाती हैं जिनमें संघर्ष का बीज रहता है। इसे प्रारंभिक संघर्षमय घटना कहते हैं। इसके बाद दूसरी स्थिति उत्कर्ष की स्थिति आती है। इस भाग में संघर्ष बढ़ता जाता है और विपदाएँ बढ़ती जाती हैं तथा संघर्ष एक गहन स्थिति में होता है। ऐसी परिस्थिति में दोनों पक्ष की जय-पराजय संदिग्ध रहती है। नाटकीय कथा का तीसरा भाग चरम सीमा [Climax, Turning Point, Crisis] कहलाता है। इस भाग में संघर्ष अपनी चरमसीमा पर पहुँच जाता है।

यह कथा का ऐसा मोड़, स्थल है, जहाँ संघर्षरत पक्षों में से एक पक्ष इतनी शक्ति प्राप्त कर लेता है कि संपूर्ण स्थिति पर अपना सिक्का जमा लेता है। सारा व्यापार उनके कब्जे में आ जाता है।

नाटकीय कथा के चौथे भाग को अपकर्ष [Falling action, Resolution, Denoument] कहते हैं। इस भाग में घटना-व्यापार की सफलता की ओर प्रगति के चिह्न स्पष्ट उभरने लगते हैं।

पाँचवें भाग में निष्कर्ष या आपतन [Conclusion or Catastrophe] जिसे कहते हैं, स्थान लेता है। इसमें संघर्ष का अंत दिखलाया जाता है।

नाटक का अंत सुखांत दिखाने की परिपाटी भारतीय नाट्य प्रणाली में होती है और पाश्चात्य में सुखांत या दुखांत होती है। किंतु भारतीय नाट्य प्रणाली के अनुसार कथावस्तु का अंत सदा सुखांत स्वरूप होता है क्योंकि भारतीय जीवन-दर्शन में जीवन का अंतिम लक्ष्य शांति, अहिंसा और प्रेम माना गया है। जीवन में संघर्ष की स्थिति स्वीकार की जाती है परंतु अंत में इस संघर्ष की शांति ही भारतीय को अभीष्ट है।

पात्र चरित्र-चित्रण

नाटक के पात्र यथार्थ जीवन का प्रतिनिधित्व करने में सक्षम हों तभी नाटक सफल हो सकता है। जीवन में विचरनेवाले व्यक्ति अनेक प्रकार के होते हैं अतः नाटक के पात्र भी सब प्रकार के होने चाहिए, जैसे—राजा, रंक, मंत्री, वैद्य, पंडित, काजी-मुल्ला, उपदेशक-शिक्षक, कर्मचारी-व्यापारी, भले-बुरे, उदार-अनुदार, धर्मात्मा, गुंडे-धूर्त सभी प्रकार के पात्रों द्वारा भूमिका करवायी जानी चाहिए।

नाटक में पात्र-प्रतिष्ठा करने के पश्चात् नाटककार प्रत्येक पात्र के चरित्र का चित्रण करता है। ऐसे पात्रों की योजना करता है जिससे नाटक को महत्त्वपूर्ण सफलता प्राप्त हो। चरित्र-चित्रण के साधनों में वेशभूषा, शारीरिक चेष्टाएँ, पारस्परिक वार्तालाप, स्वगत भाषण, कार्यकलाप परिगणित किए जाते हैं।

कथोपकथन

कथोपकथन नाटक का प्रधान तत्त्व है। इसके चलते इसका पृथक् अस्तित्व सिद्ध किया जाता है। नाटक के समस्त तत्त्व इसी तत्त्व के आश्रय से नाटक निर्माण में अपना योग प्रदान कर सकते हैं। कथावस्तु का विकास इसी के द्वारा सम्पन्न होता है। सारी घटनाएँ पात्रों के माध्यम से प्रकाश में लाई जाती हैं। पात्रों का चरित्र, देश-काल-वातावरण का संकेत, जीवन-सत्य का उद्घाटन कथोपकथन के माध्यम से होता है।

देश-काल-वातावरण

नाटक की घटनाएँ किसी-न-किसी स्थान पर घटित होती हैं। उपन्यास की भाँति देश-काल का साक्षात् चित्रण नाटक में संभव नहीं। नाटक में देश-काल का वर्णन

रंगमंच की सज्जा द्वारा ही प्रकाश में लाया जाता है। वेश-भूषा, संवाद तथा अन्यान्य व्यापारों द्वारा देश-काल स्वतः ही दर्शकों के सम्मुख उभरने लगते हैं।

संकलन त्रय--देश-काल को ध्यान में रखते हुए नाटकीय विधान में प्राचीन ग्रीक आचार्यों ने संकलन-त्रय के सिद्धांत का प्रतिपादन किया है। उनकी यह धारणा थी कि नाटक में वर्णित घटना किसी एक ही कृत्य से संबंधित हो। वह एक ही स्थान की हो और एक ही दिन में घटित हो। इस प्रकार नाटक कार्य, स्थान और काल की एकता पर ध्यान दिया जाता रहा। इसी को संकलन-त्रय का सिद्धांत कहते हैं--**कार्य की एकता, स्थान की एकता, काल की एकता।**

उद्देश्य

नाटक में जीवन संबंधी विवेचना प्रस्तुत की जाती है। नाटक की कथावस्तु जब जीवन से ग्रहण की जाती है तो उसमें जीवन की व्याख्या अनिवार्यतः समाविष्ट हो जाती है। नाटककार अपनी आत्मानुभूति को ही व्यक्त करने में नाटकीय कथावस्तु की योजना में प्रवृत्त होता है। नाटक साहित्य का प्रधान रूप है। साहित्य के इस रूप में जीवन का अभिनय किया जाता है। पात्रों के विचारों की गंभीर विवेचना तथा तुलनात्मक अध्ययन के उपरांत ही हम नाटक में विवेचित जीवन-दर्शन को अधिगत कर सकते हैं। हम नाटक देखकर यह समझ सकते हैं कि नाटककार हमारे समक्ष किस नैतिक आदर्श को प्रस्तुत करना चाहता है। समाज की किन-किन बुराइयों को दूर करने की प्रेरणा देता है। नाटक का मानव व्यवहार ही कलात्मक अनुकृति है। जीवन और जगत् के रंगमंच पर मानव जिस व्यवहार को प्रदर्शित करता है, नाटक उसका ही दर्पण होता है। नाटक नाटककार की आत्मतुष्टि के लिए ही नहीं होता अपितु जनता के आत्म उद्‌घाटन, क्रिया-व्यापारों एवं लोकोपदेश से संबंधित होता है। नाटक निश्चय ही मानव व्यवहार का प्रेरक है। व्यवहार को प्रभावित करता है।

शैली

नाटक में शैली का संबंध उस ढंग या रूप के साथ है जो लेखक अपने भावों या अनुभूतियों की अभिव्यक्ति के लिए अपनाता है। यह ढंग उसका अपना, केवल अपना होता है।

जहाँ तक नाटक के ढाँचे की बात है वह समस्त नाटककारों का समान ही होता है परंतु कथोपकथन में शब्दों का चुनाव, वाक्यांशों का विशिष्ट प्रयोग, वाक्य-रचना आदि बातों में प्रत्येक नाटककार की अपनी विशिष्टता होती है। दृश्यों

के विभाजन में भी नाटककार अपनी विशेष गुणवत्ता प्रदर्शित कर सकता है।

नाटक के प्रकार

नाटक के मुख्य दो प्रकार हैं–

1. साहित्यिक या पाठ्य नाटक 2. रंगमंचीय नाटक।

जिस नाटक में अभिनय की रंगमंचीय आवश्यकताओं की ओर ध्यान नहीं रखा जाता वह नाटक साहित्यिक कहलाते हैं। यह पाठ्य ज्यादा होता है। दृश्य कम। इसी कारण इसे पाठ्य संज्ञा दी जाती है। हिंदी साहित्य के उच्च कोटि के नाटक प्रायः साहित्यिक हैं।

विषय, रचना-विधि, प्रभाव के आधार पर नाटक के भेद किए जाते हैं।

विषय के आधार पर आधुनिक नाटक के निम्नलिखित भेद किए जा सकते हैं–

1. सामाजिक
2. धार्मिक
3. राजनीतिक
4. ऐतिहासिक
5. प्रेम-प्रधान

रचना-विधि के आधार पर नाटक को मुख्यतः तीन भागों में बाँटा जा सकता है–

1. प्रतीकात्मक (रूपक)
2. अनेकांकी
3. एकांकी

प्रतीकात्मक रूपक–जब किसी सामाजिक, धार्मिक, राजनीतिक अथवा प्रेम संबंधी विषय का प्रतिपादन करने के लिए कथा प्रतीकों के द्वारा वर्णित की जाती है, तब नाटक प्रतीकात्मक कहलाता है। इसके लिए 'रूपक' शब्द का प्रयोग प्रचलित है। जयशंकर प्रसाद कृत कामना और एक घूँट, सुमित्रानंदन पंत कृत ज्योत्स्ना इसी कोटि के नाटक हैं।

अनेकांकी–जिस नाटक की कथावस्तु एक से अधिक अंकों में विभाजित होती है, वह अनेकांकी नाटक कहलाता है। 'नाटक' शीर्षक के अंतर्गत जितना विवेचन होता है उसका संबंध अनेकांकी नाटकों के साथ होता है। सामान्यतः अनेकांकी नाटकों के लिए नाटक शब्द ही व्यवहार में लाया जाता है।

प्रतीकात्मक नाटक अनेकांकी अथवा एकांकी हो सकते हैं।

उपन्यास और नाटक

मैरियन फौक्स के द्वारा उपन्यास की विधा को 'पॉकेट थियेटर' के नाम से विभूषित किया गया तो हडसन ने इसे एक ही सामग्री, जो नाटक की है, उससे बना हुआ दर्शाया। वैधानिक दृष्टि से विषमता का आधिक्य है। उपन्यास श्रव्य काव्य के अंतर्गत आता है। और नाटक दृश्य काव्य कहलाता है। उपन्यास अपने शब्दात्मक रूप में एक परिपूर्ण रचना है किंतु नाटक शब्दों के साथ अभिनय की पूर्ण कला को समेटे हुए है। अतः उपन्यास और नाटक में यह भिन्नता इनके रूप-विकास के कारण आती है। नाटककार अपनी रचना में केवल शब्दों की योजना पर निर्भर नहीं होता, वह अभिनय, संगीत, मंचन के योग से अभिव्यक्ति में पूर्ण सफलता प्राप्त कर लेता है। किंतु उपन्यासकार के पास सिर्फ़ शब्दों का साधन है जिसके आधार पर उसकी रचना का संप्रेषण हो। शब्दों के सहारे ही वह पात्र की आकृति-वेशभूषा, हाव-भाव, क्रिया-प्रतिक्रिया, आदि के ऐसे भव्य चित्र बना डालता है और इस लायक बना देता है कि पाठक अपने आप कल्पना-चक्षु से रचना को साकार कर रसास्वादन करता है। शब्दों के सौंदर्य के साधन के अतिरिक्त उपन्यासकार के पास सब प्रकार की स्वच्छंदता रहती है। वह चाहे तो शब्दों के सहारे स्वयं की भाव-प्रतिक्रिया को पाठक के सामने प्रकट कर सकता है। नाटककार को यह स्वतंत्रता उपलब्ध नहीं है। उसके पात्र नाटकीय प्रणाली से जितने खुल पाएँ, दर्शकों को उतने में ही संतोष कर लेना पड़ता है। ये नाटककार की लाचारी हैं। अतः उपन्यासकार के चरित्र-चित्रण में पूर्ण अभिव्यक्ति प्रायः नाटक की तुलना में अधिक हो पाती है। उपन्यासकार समयावधि की दृष्टि से प्रतिबंधित नहीं होता है। क्योंकि पाठक उसे जब चाहे, जितने समय चाहे, पढ़ सकता है। इस प्रकार संक्षेप में यह निष्कर्ष निकलता है कि नाटक और उपन्यास के अंदर साम्यता है पर मौलिक रूप से दोनों में काफी अंतर है।

उपन्यास और जीवनी

उपन्यास में काल्पनिक जगत् के पात्रों की कहानी होती है और जीवनी वस्तु जगत् के पात्रों का इतिहास। उपन्यासकार अपने पात्रों का कथाकार ही नहीं स्रष्टा होता है अतः नाम और तिथियों के अतिरिक्त सब सच होता है किंतु इतिहास में ये दोनों तत्त्व सच होकर बाकी घटना अवशेष सब झूठ होते हैं। जीवनी लेखक अपने पात्रों का कथाकार मात्र होता है स्रष्टा नहीं बन सकता। उपन्यासकार अपने पात्रों

को अंतःकरण तक सभी तत्त्वों से सजाकर कथा रचता है, उसके पात्र के कोई भी वैयक्तिक तत्त्व उससे छिपे नहीं रहते। किंतु जीवनीकार को उपलब्ध तथ्यों को ही प्रस्तुत करने की मुक्ति होती है कुछ तत्त्व तो पाठक के सामने खुल ही नहीं पाते क्योंकि जीवनीकार के सम्मुख ये तत्त्व रहस्य के रूप में छिपे ही रह गए तो संप्रेषण में चरित्र-चित्रण के सारे रूप सामने नहीं ला पाए।

उपन्यास एवं जीवनी की पात्र संबंधी अज्ञेयता जीवनी और उपन्यास में मूलभूत अंतर पैदा कर देती है। जीवनीकार अपने पात्र से शुरू कर अंत में उसे राष्ट्र और समाज के भावों से जोड़ देता है जो फिर से एक पुरानी रीति का अनुकरण जैसा लगने लगता है। किंतु उपन्यासकार के लिए नैतिक भाव मूल नहीं, वह अपने पात्र के सम-विषम सभी गुणों को कथानक के तत्त्व से जुड़े रख कर अंत तक चरित्र-चित्रण में ही अपनी कथावस्तु का पालन करते हुए, अभिव्यक्ति में तल्लीन रहता है। जीवनीकार अपने नायक को तुलना द्वारा सिद्ध करने में, अपनी रचना में काल्पनिक भाव के सौंदर्य से वंचित रह जाता है, वरन् उपन्यासकार के साथ शब्द योजना में, ये स्वतंत्रता पूर्णतः उसकी रचना को सुंदरता देने में उपयुक्त सिद्ध होती है। इसलिए जीवनी की तुलना में उपन्यासकार की रचना का मौलिक रूप, साहित्य की भाव दृष्टि से अग्रणीय है।

4
एकांकी

एकांकी

जिस नाटक की कथावस्तु केवल एक ही अंक में वर्णित हो, उसे एकांकी नाटक कहा जाता है। नाटक के इस रूप का आज इतना प्रचलन हो गया है कि इसे एक अलग विधा का रूप दे दिया है।

आधुनिक एकांकी के उद्‌भव की पृष्ठभूमि

प्राचीन भारतीय दृश्य साहित्य में एकांकी नाटक उपलब्ध होते हैं। संस्कृत साहित्य के अनेक रूपक और उपरूपक ऐसे होते हैं जिनकी रचना एक अंक के आधार पर होती है, अतः यह कहा जा सकता है कि प्राचीन साहित्य में एकांकी नाटकों का अस्तित्व था। यह भी स्पष्ट है कि आधुनिक नाटक का स्वरूप इन संस्कृत के एकांकियों के आधार पर नहीं बना। उसका उद्‌भव नवीन परिस्थितियों के अनुरूप हुआ है। इस पर अंग्रेजी साहित्य के एकांकी का प्रभाव लक्षित होता है।

आधुनिक एकांकी का स्वरूप अंग्रेजी एकांकी के अनुरूप हुआ है अतः इसके स्वरूप को समझने के लिए अंग्रेजी के वन-एक्ट-प्ले के प्रादुर्भाव की पृष्ठभूमि समझनी होगी। अंग्रेजी एकांकी का जन्म लगभग दसवीं शताब्दी में हुआ। ईसाई भिक्षु और पादरी अपनी धार्मिक शिक्षाओं का प्रचार करने के उद्देश्य से इनका प्रयोग करते थे। इनके माध्यम से धार्मिक महापुरुषों का जीवन प्रदर्शित किया जाता था और जन-सामान्य में धैर्य, प्रेम, क्षमा, सहानुभूति, उदारता, त्याग, भक्ति, सेवा, दान-पुण्य आदि की नैतिक भावनाओं का प्रसार किया जाता था।

इसके अतिरिक्त यह भी कहा जाता है कि 'रानी एलिजाबेथ' के समय में बड़े नाटकों के बीच इंटरल्यूड [Interlude] के रूप में इनका प्रयोग प्रारंभ हुआ।

मुख्य नाटकों की गति में थोड़ा विश्राम देना मुख्य उद्‌देश्य होता था। आधुनिक एकांकी का जन्म यवनिक-उन्नायकों [Curtain Raiser] से हुआ। इसका उपयोग मुख्य नाटक के अभिनय से पहले उपस्थित दर्शकों का मनोरंजन करने के लिए होता था।

अंग्रेजी एकांकियों की यह परंपरा बंगला से होती हुई हिंदी साहित्य में आई है। इस प्रकार कहा जा सकता है कि भारतीय आधुनिक एकांकी अंग्रेजी साहित्य के प्रभाव में पल्लवित हुआ।

एकांकी की विशेषताएँ

1. एकांकी का कथानक संयत, प्रभावोत्पादक, एक घटनात्मक, एक विचारात्मक, एक परिस्थिति वाला अथवा एक समस्यावाला होता है। कुल मिलाकर विषय की एकता, प्रभाव की एकता, वातावरण की एकता अनिवार्य है।
2. कार्य-कारण-भावयुक्त घटनावली का समावेश इसमें नहीं होता। विस्तार के अभाव में प्रत्येक घटना पूर्णरूपेण विकसित होती है।
3. एकांकी का प्रारंभ तुरंत होता है, कोई भूमिका नहीं होती।
4. एकांकी की कथा कुतूहल, संघर्ष और अंतर्द्वन्द्व से जूझती चरमसीमा तक पहुँचती है। फिर वहीं उसका अवसान होता है।
5. एक अंक में कई दृश्य हो सकते हैं।
6. नायक-खलनायक अनिवार्य नहीं है। प्रधान पात्र के अलावा अन्य गौण पात्रों की संख्या पाँच से ज्यादा नहीं होनी चाहिए।
7. कथोपकथन प्रभावशाली होने चाहिए।
8. एकांकी जीवन का एक मर्म उद्‌घाटित करता है।
9. एकांकी मंचन समय 15 से 30 मिनट तक ही होना चाहिए।

एकांकी के तत्त्व

एकांकी के तत्त्व नाटक की भाँति ही होते हैं। जिस प्रकार उपन्यास और कहानी के तत्त्वों की विनियोग विधि में अंतर होता है उसी तरह इनमें भी पर्याप्त अंतर होता है।

कथावस्तु, पात्र, कथोपकथन, देशकाल-वातावरण, उद्‌देश्य और शैली ये एकांकी के तत्त्व हैं।

एकांकी का वर्गीकरण

विषय भेद से–पौराणिक, ऐतिहासिक, दार्शनिक, शैक्षणिक, मनोवैज्ञानिक आदि।

मूलवृत्ति की दृष्टि से–हास्य-प्रधान, व्यंग्य-प्रधान, समस्या-प्रधान आदि।

प्रभाव की दृष्टि से–प्रहसन और व्यंग्य-प्रधान।

प्रहसन–जिस नाटक में हास्य रस की प्रधानता होती है और दर्शक हँसने लगते हैं वह नाटक प्रहसन कहलाता है इसमें आमोद-प्रमोद की बातें प्रचुरता से रहती हैं। इसमें पात्रों की योजना पर खास ध्यान दिया जाता है। जो अनेक विकृत व्यापारों या विचारों से असामान्य हो। प्रहसन में इस बात का ध्यान रखना होता है कि पात्रों के समस्त व्यवहार सर्वविदित हों।

व्यंग्य-प्रधान–जिस नाटक में मोटी चमड़ी वालों पर प्रहार कर समाज में सुधार लाना हो, समाजगत कुरीतियों को प्रकाश में लाने के लिए यह शैली अपनाई जाती है। इस नाटक या एकांकी में वाग्वैदग्ध्यपूर्ण चुटीले संवादों द्वारा अन्यान्य प्रचलित कुप्रथाओं, आडंबरपूर्ण, दूषित प्रवृत्तियों पर व्यंग्य कसा जाता है।

भावनाट्य–जिस नाटक में अभिनव का हाव-भाव संगीत तथा नाटक के अन्य उपकरणों से अधिक प्रभावशाली होता है, वह भावनाट्य कहलाता है। भाव-भंगिमा और अनुभावों द्वारा भावों के प्रदर्शन का नाटक में प्रभुत्व रहने के कारण इसे भावनाट्य की संज्ञा दी जाती है। यदि सारा नाटक मूक अभिनय के रूप में प्रस्तुत किया जाए तो यह मूकाभिनय नाटक कहा जाएगा।

गीतिनाट्य–जिस नाटक की कथा, कविता या गीत के माध्यम से प्रस्तुत की जाए तो उसे गीतिनाट्य कहते हैं। इसमें पात्र या तो स्वयं गीत गाते अभिनय करते हैं या वे स्वयं तो मूकाभिनय करते हैं और पर्दे के पीछे से संगीत की योजना की जाती है। इसके संवाद गीतमय होते हैं इसे अंग्रेजी में ओपेरा [opera] कहा जाता है। भारतेंदु का नाटक 'भारत-जननी', भगवतीचरण वर्मा का 'कर्ण', पंत का 'शिल्पी' तथा 'शुभ्र पुरुष' देखे जा सकते हैं।

रेडियो रूपक

रेडियो नाटक श्रव्य काव्य है। इसके प्राण ध्वनि है। दृश्य नाटक में वाचिक एवं आंगिक दोनों ही प्रकार की क्रियाशीलता का प्रत्यक्षीकरण होता है। परंतु रेडियो नाटक मात्र वाचिक क्रिया द्वारा ही भावबोध तथा क्रियाबोध करता है। श्रव्य प्रधान होने के कारण रेडियो-नाटक पूर्णतया एक स्वतंत्र साहित्यिक विधा है। रेडियो नाटक एकांकी या अनेकांकी भी होता है। यह एक दृश्य का भी होता है और अनेक

दृश्यों का भी। यह एक संवाद का भी हो सकता है या अनेक संवादों का भी क्योंकि रेडियो नाटक श्रव्य काव्य है। इसका सही मूल्यांकन सुनकर ही किया जाता है, पढ़कर नहीं।

नाटक के आधुनिक स्वरूपों में रेडियो नाटक की विधा लोकप्रियता के शिखर पर है। यह विधा बहुत अर्वाचीन है। रेडियो के प्रचार-प्रसार के साथ ही रेडियो नाटक की भी प्रचारता में वृद्धि हुई। कुछ ही अवधि में रेडियो नाटक के वैधानिक पक्ष ने कई करवटें लीं, अब भी इसका शास्त्रीय पक्ष स्थिर नहीं हो पाया है।

शास्त्रीय स्वरूप के विकास की दृष्टि से रेडियो नाटक की कला को दो भागों में बाँट सकते हैं युगानुसार–

1. स्वतंत्रता के पूर्व रेडियो नाट्य कला
2. स्वतंत्रता के उपरांत रेडियो नाट्य कला

स्वतंत्रता के पूर्व रेडियो नाट्य कला

इन नाटकों में अधिकतर तीन विशेषताएं पाई जाती थीं।

1. विषयगत रूढ़िवादिता
2. चमत्कारप्रियता
3. भाषा की चटक-मटक।

इनमें कला का रूप बहुत स्थूल था। समस्त नाटक या तो वार्तालाप द्वारा प्रदर्शित किया जाता था, या फिर वर्णनात्मकता द्वारा सुनाया जाता था। इनका अंत अवश्य थोड़ा नाटकीय होता था। इनमें जो रोचकता होती थी वह बहुत कुछ नाटककार के कथोपकथन की कुशल योजना पर या फिर संक्षेप में अधिक से अधिक कहने की शैली पर आश्रित रहती थी। उस समय के रेडियो नाटकों की भाषा चपल, चटकीली, हिंदुस्तानी होती थी।

स्वतंत्रता के उपरांत रेडियो नाट्य कला

यह विकास बहुमुखी था। पहले कुछ बँधी हुई परंपरा के रूढ़िवादी विषयों पर नाटक लिखे जाते थे, बाद में विषयों का विस्तार हुआ और रेडियो नाटकों में, पौराणिक, ऐतिहासिक, सामाजिक और मनोवैज्ञानिक अनेक विषयों का समावेश हुआ। विषय विस्तार से विधान और कला पक्ष में परिवर्तन हुआ। भाषा में हिंदी की प्रतिष्ठा बढ़ी। प्रयोगवादी कलाकारों के इस क्षेत्र में प्रवेश करने से भाषा का कला रूप तो निखरा किंतु स्थिर न हो पाया। इस युग की प्रमुख कलागत विशेषताओं को दो रूपों से

समझा जा सकता है। एक–रेडियो नाटक का अन्य रूपकों से भेद। दूसरा–स्वतंत्र रूप से रेडियो नाट्य की प्रवृत्तियों और शास्त्रीय तत्त्वों की मीमांसा करके।

रेडियो नाटक और सामान्य रूपकों में अंतर

- **प्रेषणीयता के माध्यम से संबंधित अंतर**–सामान्य रूपकों में जहाँ नाटककार जनता की नेत्रेंद्रिय को आकृष्ट करने में अपने को असमर्थ पाता है और उसे यह संदेह होने लगता है कि कहीं दर्शक समाज उखड़ न जाए। वहीं वह गीतादि के द्वारा उनका रंजन करने लगता है। सामान्य नाटककार के श्रोता श्रव्य तत्त्व की अधिकता के कारण, रूपक शुष्क और नीरस मालूम पड़ने लगता है तब तुरंत नृत्यादि के समावेश से रूपक की रोचकता को अक्षुण्ण बनाने का प्रयास करता है। रेडियो रूपककार को यह सुविधा प्राप्त नहीं होती।
- रेडियो नाटककार को अपनी श्रोताओं की श्रवणेंद्रिय और नेत्रेंद्रिय दोनों की परितुष्टि ध्वनि के माध्यम से ही करनी पड़ती है। अतः उसे ध्वनि योजना की कला का विकास भी करना पड़ता है।
- रेडियो नाटक में चरित्र-चित्रण मिलता है किंतु वह अन्य नाटकों की तुलना में कम होता है। रेडियो नाटकों में पात्र कम होते हैं। पात्रों के चरित्र की विशेषताएँ ध्वनियों के आरोह-अवरोह से प्रगट हो जाती हैं। शेष को शब्द-चित्रों के माध्यम से प्रस्तुत करना पड़ता है।
- **दृश्यों की लघुता और सक्रियता**–रेडियो नाटकों में सामान्य रूपकों के सदृश विस्तृत रंगमंच प्राप्त नहीं होता अतः इन दृश्यों का वातावरण निर्माण चिरपरिचित ध्वनियों से, कम समय में संप्रेषण किया जाता है।

रेडियो रूपकों का रचना-विधान

रेडियो नाटकों की साहित्यिक विधा नाटकों का आधुनिकतम प्रकार है। रेडियो नाटक शिल्प की अलग विशेषताएँ हैं। विगत कतिपय वर्षों में इसका विकास हुआ है।

कथावस्तु–इसमें वस्तु का विन्यास इस ढंग से होना चाहिए कि प्रमुख घटना ही इतनी रोचक बन जाए कि अवांतर घटनाओं को जानने की तीव्र उत्सुकता ही जाग्रत न हो।

स्वरूप और आकार–सामान्यतः इस प्रकार के नाटकों का प्रभाव ध्वनि से

डाला जाता है तो रेडियो रूपक की लंबाई ऐसी होनी चाहिए कि वह सरलता से 10-15 मिनट तक रंजन कर सके।

पात्र–रेडियो नाटकों में पात्रों की संख्या कम होनी चाहिए। अवस्था अनुसार रखा जाए तो पात्रों का भेद उच्चारण से ही स्पष्ट होता चला जाएगा (वृद्ध, युवा, बच्चा) पात्रों को प्रायः ऐसी परिस्थिति में प्रस्तुत करना चाहिए कि उनमें परिस्थितिजन्य स्वर-विकृति आ जाए। यह स्वर-विकृति ध्वनि नाटकों को अधिक सफल बना देती है। रेडियो रूपकों में पात्रों के परिचय, रंग निर्देश प्रवेश, प्रस्थान आदि की सूचना सूत्रधार द्वारा इतनी संक्षिप्त और व्यंजनात्मक भाषा में दिखलानी चाहिए जिसमें समय ज्यादा न लगे व श्रोता सब समझ जाएँ।

संवाद–संवाद संक्षिप्त, संकेतात्मक और प्रभावपूर्ण होने चाहिए। संवादों का सौंदर्य ध्वनि के उतार-चढ़ाव और उसकी वैयक्तिक विशेषताओं में रहता है। पात्रों की भाव-भंगिमा, उनकी मुद्रा अभिव्यक्ति रेडियो नाटकों में संवादों की ध्वनियों के माध्यम से होती है। इसी कारण रेडियो नाटकों की सफलता ध्वनि संकेतों और वैयक्तिक विकृतियों पर आधारित रहती है।

स्वगत कथन–रेडियो में ध्वनि विस्तारण यंत्र द्वारा सूक्ष्मातिसूक्ष्म और हल्की से हल्की ध्वनि श्रोताओं की लिए श्रव्य है। स्वगत कथनों के मध्यम से रेडियो रूपकों की कथा के अस्पष्ट अंग सरलता से स्पष्ट होते हैं।

संगीत--ध्वनि नाटकों में संगीत का विशेष महत्त्व है। संगीत प्रभाव ऐक्य के सृजन में बहुत सहायक है। अंतर्द्वन्द्व की अभिव्यक्ति भी प्रायः संगीत के माध्यम से स्पष्ट होती है।

अभिनेयता–रंगमंच पर अभिनय की सभी कलाओं जैसे रंग-निर्देशन, वातावरण चित्रण, वेशभूषा, भावभंगिमा, मुद्रा निर्देशन की सहायता होती है किंतु रेडियो नाटकों की सहायक ध्वनि वैचित्य मात्र है। इन अभिनेताओं को पग-पग पर ध्वनि के उतार-चढ़ाव, विराम, यति, गति आदि सबको स्पष्ट करते हुए ध्वनि विकृतियों के सहारे अवस्थानुकृति का प्रयोग करना पड़ता है।

वातावरण निर्माण–सामान्य नाटकों में वातावरण का निर्माण बाह्य प्रसाधनों जैसे चित्र, वस्तु, पर्दो, सजावट से होता है और रेडियो रूपकों में यह कार्य ध्वनि से पूर्ण करना होता है।

संकलन-त्रय की उपेक्षा–रेडियो एकांकी अन्य नाट्य रूपकों की अपेक्षा वैधानिक बंधनों से बहुत मुक्त रहता है। इनमें वस्तु विन्यास क्रम तथा संकलन-त्रय की उपेक्षा की जाती है।

रेडियो रूपकों के भेद

रेडियो रूपकों के एकांकी के अतिरिक्त कई और भेद प्रचलित हो रहे हैं। निम्नलिखित प्रसिद्ध हैं।

संगीतरूपक या गीतिनाट्य–अंतर इतना है कि रेडियो एकांकियों में गद्य का प्रयोग प्रधान रहता है। जबकि रेडियो संगीत रूपकों में पद्य का प्रयोग किया जाता।

फीचर–इसमें काव्य, उपन्यास, कहानियों आदि का रूपांतर अभिनयात्मक ढंग से व्यक्त किया जाता है। रेडियो एकांकी में लंबी-चौड़ी कथा-वस्तु को खंडशः इस प्रकार सजाया जाता है कि संपूर्ण वस्तु की झाँकी प्रस्तुत हो सके। फीचर में उपन्यास आदि इस प्रकार काट-छाँट कर प्रस्तुत किए जाते हैं जिससे उनका आनंद भी नष्ट न हो पाए व 25/30 मिनट में अभिनय भी हो जाए। फीचर की सफलता अभिनेताओं और व्याख्याकार दोनों पर आश्रित रहती है। फीचर दो प्रकार के होते हैं।

रूपांतर फीचर के उदाहरण–प्रेमचंद की कहानियों पर, रवींद्रनाथ की कहानियों पर, प्रसाद के साहित्य संस्कृत रूपांतर, विदेशी साहित्य से संबंधित फीचर।

स्वतंत्र फीचर के उदाहरण–सर्वोदय, वनमहोत्सव आदि के नाम उल्लेखनीय हैं।

भावनाट्य (फैंटेसी) अंग्रेजी में इन्हें फैंटेसी कहते हैं। इन नाट्यों में कुछ विशेषताओं का होना अनिवार्य है।

ये प्रायः चित्रण प्रधान होते हैं।

भावना और कल्पना की अतिरेकता होती है। पात्र, स्वप्न या अर्द्ध विक्षिप्त अवस्था में रंगीन अनुभूतियों को व्यक्त करते हैं।

इसमें घटनाओं और परिस्थितियों का चित्रण भावात्मक ढंग से किया जाता है। अभिनय में भावातिरेकता, विविध प्रकार के हाव-भाव के प्रदर्शन रहते हैं। अंतर्द्वन्द्व का अंकन विशेष रूप से किया जाता है।

प्रकार–भाव नाट्य दो प्रकार के होते हैं। रंगमचीय एवं रेडियो भाव नाट्य। विष्णु प्रभाकर कृत 'अर्द्ध नारीश्वर' रेडियो भाव नाट्य प्रसिद्ध है। उदयशंकर भट्ट रचित 'विश्वामित्र' रंगमंचीय भाव नाट्य प्रमुख है।

रेडियो प्रहसन और झलकियाँ–रेडियो पर किसी सामान्य मार्मिक घटना की हल्की झलक प्रस्तुत करना ही झलकियाँ है। इनके अंतर्गत जीवन और जगत् से संबंधित बातों की अभिव्यक्ति ध्वनि नाटिकाओं के रूप में प्रस्तुत की जाती है।

इसका अभिनय प्रायः एक प्रवक्ता के माध्यम से प्रस्तुत किया जाता है। ये अधिकतर हास्य और व्यंग्य प्रधान होती हैं।

इस कोटि की झलकियाँ लिखने वाले उपेन्द्रनाथ अश्क, चिरंजीत, वृहस्पति, प्रभाकर माचवे, अमृतलाल नागर प्रमुख हैं। 'अश्क' जी का 'पर्दा उठाओ, पर्दा गिराओ', 'मसखरेबाजों का स्वर्ग' उल्लेखनीय प्रहसनात्मक झलकियाँ हैं।

स्वोक्ति नाटक-मोनोलाग–ये एकपात्री नाटक होते हैं। ये मूलतः रेडियो रूपक ही हैं। इसकी विशेषता यह है कि या तो एक ही पात्र विविध पात्रों का अभिनय करता है या फिर पात्र के अंतर्द्वन्द्व का चित्रण किया जाता है। इसके अभिनय की सूचिका ध्वनि हुआ करती है। एक ही व्यक्ति विविध प्रकार की ध्वनियों का अनुकरण कर अनेक पात्रों का अभिनय करने में समर्थ होता है। इन नाटकों में व्यंग्य एवं हास्य की प्रधानता होती है। सेठ गोविंददास ने 'चतुष्पथ' लिखकर इस रचना का श्रीगणेश किया था।

रिपोर्ताज–इसमें नाटकीयता होते हुए भी अभिनेयता नहीं होती। यह वर्णन का स्वतंत्र साहित्यिक रूप है। ये गद्य-पद्य दोनों रूपों में वर्णित होता है।

संक्षेप में अधिकांश रूपों में स्थिरता नहीं आई है।

तीसरी इकाई/वर्ष

5
रेखाचित्र

साहित्य का वह रूप जिसमें किसी वस्तु या व्यक्ति-विशेष के भीतरी-बाहरी रूप का इस प्रकार वर्णन प्रस्तुत किया जाता है कि उस वस्तु का एक चित्र-सा निर्मित हो जाता है—रेखाचित्र कहलाता है।

शब्द रेखाएँ एक चित्र की रेखाएँ दृष्टिगोचर होने लगती हैं और ये रेखाएँ वस्तु, व्यक्ति या पशु-पक्षी का आकार-प्रकार पाठक के सम्मुख उपस्थित कर देती हैं। जिस प्रकार चित्रकार कुछ आड़ी-तिरछी रेखाएँ खींचकर किसी का स्वरूप प्रतिबिम्बित कर देता है, उसी प्रकार साहित्यकार शब्द-योजना से वस्तु का ढाँचा खींचता है। रेखाओं द्वारा जीवन के विविध रूपों का आकार देने की प्रणाली की विशिष्टता को अपनाकार शब्दों द्वारा भाव भरना, शब्दचित्र को ही रेखाचित्र की संज्ञा प्रदान की गई है।

श्रीमती महादेवी वर्मा ने रेखाचित्र के स्वरूप की व्याख्या इस प्रकार की है—"रेखाचित्र शब्द का जन्म और अर्थ विस्तार चित्रकला के क्षेत्र में हुआ, जहाँ कुछ रेखाओं में अंकित चित्र द्वारा हमें रंग और छायालोक से रहित किसी वस्तु या व्यक्ति की उसे दूसरों से भिन्न करनेवाली विशेषताओं का प्रत्यभिज्ञान प्राप्त होता है।"

रेखाचित्र गद्य की नवीन विधा है। जिसका आविर्भाव निबंध, कहानी, जीवनी आदि विधाओं के पश्चात् हुआ है। आधुनिक जीवन की परिस्थिति एवं व्यस्तता के फलस्वरूप, गद्य की यह नई विधा पनपी। सामाजिक परिस्थितियाँ किसी विशेष विधा या उसके स्वरूप को कितना प्रभावित करती हैं, यह रेखाचित्र के विकास से जाना जा सकता है। जब परंपरागत विधाएँ कलाकार की अभिव्यक्ति स्पष्ट रूप से प्रकट करने में असमर्थ होती हैं तब नई विधाओं की खोज होती है। इसी

खोज के फलस्वरूप रेखाचित्र, एकांकी, रिपोर्ताज, डायरी, आदि नवीन विधाओं की खोज हुई।

रेखाचित्र न पूरी तरह से कहानी है न निबंध। किंतु इन दोनों के तत्त्वों का समावेश उसमें अवश्य है। रेखाचित्र कहानी की अपेक्षा एक ठोस और यथार्थवादी भूमि पर निर्मित होता है। उसमें कल्पना का आश्रय कम मिलता है। यथार्थ परिस्थिति से प्रभावित होकर, लेखक अपने अनुभव को सीधे शब्दों में तीव्रता के साथ व्यक्त कर देता है।

परिभाषा

रेखा और रंग के लेखक–आचार्य विनय मोहन शर्मा के दृष्टिकोण से " 'रेखाचित्र' में व्यक्ति, घटना या दृश्य का अंकन होता है। व्यक्ति को रेखांकित करने के लिए (1) कैमरा या तूलिका चित्र के समान शरीरावयवों का विशद विवरण, और (2) उसके स्वभाव की विशेषता को स्पष्ट करने वाले उसके कृत्य अथवा कृत्यों का आकलन, तथा (3) चित्र को सजीव बनाने के लिए देशकालानुरूप भाषा का प्रयोग आवश्यक है। वस्तु तथ्यों को मूर्त बनाने के लिए कल्पना का रंग भरा जा सकता है, भाषा को अलंकृत किया जा सकता है।"

हिंदी के प्रसिद्ध आलोचक–**डॉ. भगीरथ मिश्र** ने रेखाचित्र की निम्नलिखित परिभाषा दी है–"अपने संपर्क में आए किसी विलक्षण व्यक्तित्व अथवा संवेदना को जगाने वाली सामान्य विशेषताओं से युक्त किसी प्रतिनिधि चरित्र के मर्मस्पर्शी स्वरूप को देखी, सुनी या संकलित घटनाओं की पृष्ठभूमि में इस प्रकार उभार कर रखना कि उसका हमारे हृदय में एक निश्चित प्रभाव अंकित हो जाए, रेखाचित्र या शब्दचित्र कहलाता है।

श्रीमती सत्यवती मलिक ने रेखाचित्र शब्द का ही प्रयोग किया है। 'अमिट रेखाएँ' की भूमिका में वे लिखती हैं–"निःसंदेह ऐसे रेखाचित्र, घटनाएँ अथवा संस्मरण बारह वर्ष क्या सैकड़ों वर्ष, पुराने होकर भी पुराने नहीं हैं और युगयुगांतर तक मानव-हृदय को स्पष्ट करते रहेंगे। यदि सामान्य पाठक के हृदय में इस संग्रह के रेखाचित्र तनिक भी करुणा एवं दैवी भावों का संञ्चार कर सके तो मैं अपने इस अल्प प्रयास को सफल मानूँगी।"

रेखाचित्र के स्वरूप का विवेचन करते हुए **डॉ. गोविंद त्रिगुणायत** ने कहा है कि "रेखाचित्रकार साहित्यकार के साथ ही साथ चित्रकार भी होता है। जिस प्रकार चित्रकार अपनी तूलिका के कलामय स्पर्श से चित्र-पहल पर अंकित विश्रृंखल

रेखाओं में से कुछ उभरी हुई रेखाओं को सँवार कर एक अजीब रूप प्रदान कर देता है, उसी प्रकार रेखाचित्रकार मनःपटल पर विशृंखल रूप में बिखरी हुई शत-शत स्मृति रेखाओं में से उभरी हुई रमणीय रेखाओं को अपनी कला की तूलिका से स्वानुभूति के रंग में रंजित कर जीते-जागते शब्द-चित्र में परिणत कर देता है। यही शब्दचित्र रेखाचित्र कहलाता है।''

''रेखाचित्र की सीमाएँ निश्चित हैं। उसे तो कम से कम शब्दों में सजीव रूप विधान और छोटे से छोटे वाक्य से अधिक से अधिक तीव्र और मर्मस्पर्शी भाव-व्यंजना करनी पड़ती है। अपने इस कार्य में वही कलाकार सफल होता है जिसका हृदय अधिक संवेदनशील और जिसकी दृष्टि सूक्ष्मपर्यवेक्षण-निपुण एवं मर्मभेदिनी होती है। संक्षेप में रेखाचित्र वस्तु, व्यक्ति अथवा घटना का शब्दों द्वारा विनिर्मित वह मर्मस्पर्शी और भावमय रूप विधान है जिसमें कलाकार का संवेदनशील हृदय और उसकी सूक्ष्मपर्यवेक्षण दृष्टि अपना निजीपन उँड़ेलकर प्राणप्रतिष्ठा कर देती है।''

डॉ. रामगोपाल सिंह चौहान 'आधुनिक साहित्य' से कहते हैं कि ''रेखाचित्र विषय का दूरस्थ (डिस्टेंट) और विषय से अलगाव लिए हुए (डिटैच्ड) चित्र होता है। रेखाचित्र के विषय (आब्जेक्ट) के साथ लेखक का निकट संपर्क आवश्यक नहीं। जैसे चित्रकार किसी व्यक्ति, स्थल या वस्तु को देखकर उसके साथ बिना आत्मिक लगाव स्थापित किए हुए तटस्थ भाव से 'स्केच' रेखाचित्र प्रस्तुत कर देता है वैसे ही रेखाचित्र भी। रेखाचित्र विषय का विभिन्न परिप्रेक्ष्य में विभिन्न कोणों (एंगिल्स) से अंकित चित्र है जिसमें बाह्याकृति का रूपात्मक चित्रण अधिक, अंतस का कम, केवल उतना जितना रूपात्मक चित्रण से स्वतः झलक जाता है, जैसे चित्रकार के स्केच की मूक रेखाएँ हृदयस्थ भावों को उभार दे देती हैं। रेखाचित्र में चित्रित 'विषय' के साथ जहाँ लेखक का अनुभूतिपरक संपर्क स्थापित हो जाता है और इस तरह लेखक भी स्वतः उसका पात्र बन जाता है।

रेखाचित्र के लिए कथाकार में विषय की एक-एक रेखा की गहराई और उभार को देखने-समझने की पैनी, गहरी और पारखी दृष्टि होना आवश्यक है। रेखाचित्र सामान्य या विशेष किसी का भी हो सकता है।

पाश्चात्य विद्वानों ने रेखाचित्र की अनेक परिभाषाएँ प्रस्तुत कीं। रेखाचित्र की आधुनिक परिभाषा प्रस्तुत करते हुए 'ए हैंड बुक ऑफ लिटरेरी टर्म्ज' में कहा गया है कि ''स्केच या रेखाचित्र एक लघु नाटक, कहानी अथवा चरित्र विवरण होता है।''

रेखाचित्र की अधुनातन परिभाषा प्रस्तुत करते हुए 'ए रीडर्स गाइड टू लिटरेरी टर्म्स' में कहा गया है कि रेखाचित्र, कहानी, नाटक या निबंध आदि विधाओं का अल्प विकसित रूप है। जिनमें इन विधाओं की विशेषताएँ नहीं होतीं। इसके अत्यंत सामान्य प्रकारों में चरित्र प्रधान रेखाचित्र, किसी आकर्षक व्यक्तित्व का लघु विवरण, सामयिक घटनाओं के विद्रूपात्मक चित्रण से विशृंखल, नाटक के लिए रचित रेखाचित्र सामयिक प्रवृत्ति या घटना का विद्रूपात्मक चित्रण करने वाली सामान्य नाटिका गृहीत है।

उपर्युक्त परिभाषा के समान 'ए हैंडबुक टू लिटरेचर' में भी रेखाचित्र की परिभाषा दी गई है। इसके अनुसार किसी एक दृश्य, चरित्र या घटना को प्रस्तुत करने वाली सरल और सुगठित लघु रचना को रेखाचित्र माना गया है। इसकी सरलता के कारण इसमें कथानक अथवा चरित्र-चित्रण विस्तृत नहीं होता। प्रारंभ में रेखाचित्र को किसी रचना का पूर्व रूप या उसका ढाँचा मात्र माना जाता था। किंतु अब रेखाचित्र से किसी ऐसी रचना का आशय होता है, जिसमें चरित्र अथवा वर्णन का प्राधान्य हो।

बीसवीं शताब्दी की ये परिभाषाएँ, सत्रहवीं शताब्दी की परिभाषाओं से भिन्न हैं। सत्रहवीं शताब्दी में रेखाचित्र का विकास हो रहा था। उस समय के प्रसिद्ध चित्रकार ओवरबरी के मत से रेखाचित्र मिस्री चित्रलिपि के समान होता है। वह प्रभावशाली तथा सांकेतिक होता है। क्योंकि इसमें गागर में सागर भरा जाता है। अंग्रेजों के दृष्टिकोण से चरित्र एक बहुरंगी चित्र होता है। जिसका छायांश एक रंग के प्रयोग के द्वारा प्रभावशाली बनाया जाता है। यह वीणा के कई तारों पर त्वरित गति से एक साथ किए गए कोमल आघात के समान होता है। जिसका अंत एक संगीतमयी ध्वनि के साथ होता है। सामान्य गीत में वाग्वैदग्ध्य का समावेश ही रेखाचित्र को जन्म देता है। उसी युग के एक अन्य लेखक साल्टनस्टाल का मत है कि रेखाचित्र को एकदम सरल नहीं होना चाहिए। उसमें कुछ वक्रता भी होनी चाहिए जिससे कि पाठक स्वयं अपना मार्ग ढूँढ़ने का प्रयत्न करे।

रेखाचित्र की इन परिभाषाओं के सार के रूप में मर्फी की परिभाषा को ग्रहण किया जा सकता है। उसने कहा है कि रेखाचित्र किसी विशिष्ट व्यक्ति, स्थान अथवा उपादान की विशेषताओं का संक्षिप्त वस्तुगत विवरण होता है जिसे समन्वित रूप दे दिया जाता है। इसका प्रभावशाली निदर्शन वहाँ होता है जहाँ किसी व्यक्ति के कार्य व्यापार के माध्यम से उसकी विशेषताओं का विवरण दिया

जाता है। इसमें सिद्धांत-निरूपण या समीक्षा के लिए स्थान नहीं होता। इसका उद्देश्य व्यंग्य प्रधान या नीति प्रधान होता है और शैली प्रायः 'वाग्वैदग्ध्यपूर्ण'।

रेखाचित्र विधा के प्रकार

वर्ण्य विषय की दृष्टि से रेखाचित्र के दो प्रकार होते हैं–

1. मानवेतर जड़ या चेतन जगत् संबंधी
2. मानव (नर-नारी) संबंधी।

1. **मानवेतर जड़ या चेतन संबंधी**–जब रेखाचित्रकार अपना वर्ण्य विषय मानवेतर दृष्टि से ग्रहण करता है और किसी जड़ वस्तु का अथवा चेतन पशु-पक्षी का रेखाचित्र प्रस्तुत करता है तब रेखाचित्र मानवेतर जगत् संबंधी कहलाता है।

मानव संबंधी–इस सृष्टि में मानव सृष्टि का उत्तम फूल है। रेखाचित्रकार किसी व्यक्ति विशेष का चित्र खींचता है।

द्विवेदी युग में प्रमुख रेखाचित्रकारों में पं. पद्मसिंह शर्मा का नाम आता है। इनका रचित पद्मपराग (1929) प्रथम रेखाचित्रों का संग्रह माना जाता है। जिसमें संस्मरणात्मक निबंध, रेखाचित्रों तथा व्यक्तिगत निबंधों का संग्रह है। हिंदी के प्रारंभिक रेखाचित्रकारों में दूसरा नाम श्रीराम शर्मा का आता है। 'बोलती प्रतिमा' (1927) इनका रेखाचित्र संग्रह है। आगे चलकर पं. बनारसीदास चतुर्वेदी ने रेखाचित्रों का सृजन किया। इसके संपूर्ण विकास में रामवृक्ष बेनीपुरी की माटी की मूरतें, गेहूँ और गुलाब, लाल तारा, बहुचर्चित रहे। रेखाचित्र विधा को प्रतिष्ठित करने का श्रेय रामवृक्ष बेनीपुरी को जाता है।

सन् 1939 में प्रकाशित 'हंस' के रेखाचित्रों के विशेषांक में भारत की सभी भाषाओं के प्रतिनिधि रेखाचित्र प्रकाशित हुए। इसके अतिरिक्त शिवदान सिंह चौहान, प्रकाशचंद्र गुप्त, सियारामशरण गुप्त आदि ने अच्छे रेखाचित्र लिख हिंदी साहित्य को समृद्ध किया।

हिंदी रेखाचित्र का उत्कर्ष काल

इस दौर में सर्वप्रथम श्री कन्हैयालाल मिश्र प्रभाकर का नाम आता है। रेखाचित्र को उपन्यास के आकार में ढालने का श्रेय महाकवि पं. सूर्यकांत त्रिपाठी निराला को है। निराला ने कुल्ली भाट, बिल्लेसुर बकरिहा नामक दो लंबे रेखाचित्र प्रस्तुत किए।

श्रीमती सत्यवती मलिक, श्री शिवपूजन सहाय, विनोदशंकर व्यास, भदंत आनंद कौशल्यायन, रायकृष्ण दास, विष्णु प्रभाकर, जगदीशचंद्र माथुर, अमृतराय, ओंकार शरद आदि साहित्यकारों ने योगदान दिया।

रेखाचित्र के प्रकार

रेखाचित्रों को विषय अथवा स्वरूप की दृष्टि से कई वर्गों में विभक्त किया जा सकता है। इस दृष्टि से रेखाचित्र के निम्नलिखित भेद किए जा सकते हैं–

1. मनोवैज्ञानिक 2. ऐतिहासिक 3. तथ्य या घटना प्रधान 4. वातावरण प्रधान 5. प्रभाववादी-प्रतीकवादी 6. हास्य-व्यंग्य प्रधान 7. व्यक्ति प्रधान 8. आत्मपरक।

1. **मनोवैज्ञानिक रेखाचित्र**–रेखाचित्रकारों ने मनोविज्ञान की सहायता से चारों ओर व्याप्त परिस्थितियों के कारण मन पर पड़ने वाले अच्छे-बुरे प्रभावों का अंकन किया है। पात्रों के राग-विराग, घृणा-द्वेष, आशा-निराशा का सफल चित्रण किया है। प्रमुख मनोवैज्ञानिक रेखाचित्र के रचयिताओं में महादेवी वर्मा, रामवृक्ष बेनीपुरी आदि प्रसिद्ध हैं।

2. **ऐतिहासिक रेखाचित्र**–ऐसी रचनाओं में जिस युग तथा परिस्थिति को चुना जाता है उसका स्वाभाविक तथा आकर्षक चित्रण करना ऐतिहासिक रेखाचित्र में अभीष्ट होता है। ऐसे रेखाचित्रों में पात्रों के साथ घटनाएँ भी इतिहास से ली जाती हैं। बनारसी दास चतुर्वेदी प्रमुख हैं।

3. **तथ्य तथा घटना प्रधान रेखाचित्र**–इस प्रकार के रेखाचित्रों में पात्रों का वार्तालाप तथ्यों की ओर इंगित करता है। पात्र सजीव अथवा निर्जीव हो सकते हैं। घटना प्रधान रेखाचित्र में घटना का चित्रण न्यूनतम शब्दों में किया जाता है। घटना का विवरण देने के लिए कथोपकथन शैली को अपनाया जाता है। प्रकाशचंद्र गुप्त इस प्रकार के रचनाकार हैं।

4. **वातावरण प्रधान रेखाचित्र**–इस प्रकार के रेखाचित्रों में वातावरण की प्रधानता किसी परिस्थिति या भावना विशेष के संप्रेषण के लिए की जाती है। यह भावना प्रकृति प्रेम व राष्ट्र प्रेम की हो सकती है। किसी व्यक्ति की परोपकारिता वृत्ति या मानव प्रेम भी इसकी प्रेरक हो सकती है। 'बेनीपुरी' जी के राष्ट्रीय भावना से प्रेरित रेखाचित्र प्रसिद्ध हैं।

5. **प्रभाववादी-प्रतीकवादी रेखाचित्र**–जब रेखाचित्र किसी विशेष सत्य या तथ्य का मुख्य प्रभाव पाठक पर डालना चाहता हो, तब इस प्रकार की रचना को अधिक पुष्ट और चटकीला बना देता है। 'बेनीपुरी' जी के 'गेहूँ और गुलाब' में अनेक सत्यों की प्रभावशाली व्यंजना की गई है।

6. **व्यंग्य प्रधान रेखाचित्र**–अस्वस्थ रीति या परंपरा के निवारण हेतु आलोचना

के स्थान पर व्यंग्य का प्रयोग बिना कटुता उत्पन्न किए उद्देश्य को सफल कर देता है। इस प्रकार के रचनाकार 'श्री जयनाथ नलिन' प्रसिद्ध हैं। बेढब बनारसी, हरिशंकर शर्मा, अन्नपूर्णानंद आदि प्रमुख हैं।

7. **व्यक्ति प्रधान रेखाचित्र**–इस प्रकार की रचना में रचनाकार किसी व्यक्ति को प्रमुख मानकर उससे संबंधित विभिन्न घटनाओं के द्वारा उसके चरित्र के अन्य सभी पहलुओं का अध्ययन करते हैं। इस प्रकार के प्रमुख रचनाकार, महादेवी जी, बेनीपुरी, जगदीश चंद्र माथुर और टंडन आदि हैं।

8. **आत्मपरक रेखाचित्र**–लेखक जब किसी निजी जीवन का चित्रांकन भी किसी रेखाचित्र के साथ कर देता है तो वे इस कोटि में लिए जा सकते हैं ऐसे रेखाचित्र प्रायः संस्मरणात्मक शैली में लिखे जाते हैं।

आभ्यंतरिक प्रणाली से लिखा रेखाचित्र किसी निर्जीव पदार्थ में चेतना का आरोप कर उसकी भावना और विचारों को प्रकट किया जाता है। इसमें किसी वस्तु का भावगत चित्रण होता है वस्तुगत कम।

रेखाचित्र तथा अन्य साहित्यिक विधाएँ

रेखाचित्र में संस्मरण, रिपोर्ताज, कहानी, निबंध आदि अन्य विधाओं के तत्त्व प्रकार मिले हुए हैं कि रेखाचित्र के वैशिष्ट्य प्रकृति का चित्रण कठिन हो जाता है। किंतु गद्य की अन्य विधाओं से तुलना करने पर ज्ञात होता है कि रेखाचित्र प्रकृति, गठन, उद्देश्य एवं भाषा की दृष्टि से अपने आप में सर्वथा भिन्न है।

आधुनिक अंग्रेजी लेखकों के मतों के निष्कर्ष से यह तथ्य सामने आया कि रेखाचित्र–कहानी, निबंध, संस्मरण आदि विधाओं का अल्पविकसित रूप है किंतु इसमें अन्य विधाओं सी विशेषताएँ नहीं होतीं।

रेखाचित्र और कहानी

इन दोनों विधाओं में व्यापक अंतर है। विषय की दृष्टि से रेखाचित्र का विषय यथार्थ जगत् होता है जबकि कहानी में यथार्थता के साथ कल्पना के पंख भी जुड़े होते हैं, रेखाचित्र में चरित्र का उतार-चढ़ाव, समन्वयन संबंधित नहीं है कथा वस्तु के लिए। किंतु कहानी में चरित्र-चित्रण की कसौटियाँ ही कथा को सौंदर्य रूप से सजाती हैं। कला की दृष्टि से दोनों विधाओं में अंतर है। रेखाचित्र पढ़ कर कोई दृश्य काव्य के रूप में पाठक के मनःस्थल पर अंकित होता है, कहानी पढ़ और सुनकर पाठक के मन पर स्थित होती है। अभिव्यक्ति की प्रणाली से

दोनों विधाओं में अंतर पाया जाता है। कहानी में पात्र द्वारा, या लेखक स्वयं चरित्र चित्रण करता है किंतु रेखाचित्र सिर्फ लेखक अपने भावों और विचारों की अभिव्यक्ति से प्रस्तुत करता है। रेखाचित्र में विश्लेषण का आना आवश्यक होता है, तथ्यों के प्रयुक्तीकरण में ईमानदारी से जो भी गुण-दोष रस उत्पन्न होते हैं वे स्वाभाविक रूप से लेखक के निजी विचारों, प्रतिक्रियाओं के फलस्वरूप शब्द चित्र में ढल जाते हैं किंतु कहानी में तथ्यों का उद्घाटन मात्र ही मुख्य उद्देश्य नहीं रहता, उसमें संयोजन कथा तत्त्व के रोचक एवं निरंतर होने से, सफल माना जाता है। "कहानी गतिमती होती है रेखाचित्र स्थिर होता है"(जैनेंद्र कुमार) वैसे तो सभी प्रकार की साहित्यिक रचनाओं के लिए अनुभूति की आवश्यकता होती है, किंतु रेखाचित्र में उसका उपयोग अत्यंत अपेक्षित है। कहानी में सरसता का आधिक्य प्राप्त होता है रेखाचित्र में चरित्र का चित्रण विवेचन अधिक रहता है। रस की ओर ध्यान कम होता है। इसलिए कहानी में सामाजिकता और रेखाचित्र में वैयक्तिकता प्रधान होती है।

रेखाचित्र और निबंध

इन दोनों विधाओं में कुछ सामान्य तत्त्व उपलब्ध हैं। डॉ. जोन्सन की परिभाषा के अनुसार निबंधकार किसी व्यक्ति को आधार मानकर अपने भावों और विचारों को विशृंखलित रूप में व्यक्त करता है यह प्रवृत्ति चार्ल्स लैब के निबंधों में मिलती है। रेखाचित्रकार किसी व्यक्ति या उपादान को केंद्र मानकर उसके माध्यम से मन पर पड़े प्रभावों को व्यक्त करता है। निबंध विशेष की विशृंखलित अभिव्यक्ति और रेखाचित्र के प्रभावाभिव्यंजन में साम्य होने के कारण आत्मपरक या संस्मरणात्मक निबंध रेखाचित्र की श्रेणी में रख दिए जाते हैं। इसके अतिरिक्त निबंध में उन्मुक्त भाव उमड़ने लगता है तो रेखाचित्र गंभीर चिंतन से ग्रसित रहता है। निबंध पर नियमों का कोई संयम नहीं, वह किसी भी विषय पर लिखा जा सकता है। लेखक अपने चुने हुए विषय पर विचार व्यक्त करने की पूर्ण स्वतंत्रता रखता है। भाषा-शैली भी तभी प्रभावशाली होती है जब उस पर लेखक के व्यक्तित्व की छाप हो। प्राणवान भाषा-शैली और वक्र अभिव्यक्ति भाव संप्रेषण का मुख्य साधन है। रेखाचित्र में भावात्मकता आती है। रेखाचित्र यथार्थ का चित्रण भी करता है। सरलता और अभिव्यक्ति का सीधापन रेखाचित्र की अपनी विशेषता है, रेखाचित्र मानव पर सीधी चोट करता है और उसकी यह मुखरता निबंध की गंभीरता से एक-दम भिन्न है। रेखाचित्र में व्यक्तिगत विशेषताओं का अंकन होता है मानवीय भावना

तथा अनुभूति की अभिव्यक्ति होती है। निबंध में विषय के प्रतिपादन की महत्ता होती है। इस दृष्टि में लेखक स्वतंत्र होकर अपने दृष्टांतों, उदाहरणों, तर्कों का सहारा लेता है।

रेखाचित्र और जीवनी

इन दोनों विधाओं में प्रकृति के अनुसार अंतर है। जीवनी के निर्माण में बुद्धि और भावना का योग अधिक रहता है, कल्पना का कम, किंतु रेखाचित्र में तीनों का मिश्रण पाया जाता है। रेखाचित्रकार बुद्धि की सहायता से स्मृति में संचित प्रमुख रेखाओं को चुनने के बाद, कल्पना की सहायता से अपने चित्र का रंजन करता है और भाव प्रबल कर विषय का संप्रेषण करने लगता है। जीवनीकार शब्दों का प्रयोग भाषा को प्रवाहमयी बनाने के लिए करता है, रेखाचित्रकार उनका प्रयोग चित्रात्मकता की दृष्टि से करता है। जीवनी में लेखक की निजी अनुभूति, कल्पना और भावना का अधिक महत्त्व नहीं होता, रेखाचित्र में ये तत्त्व सर्वाधिक पाए जाते हैं। जीवनीकार को किसी व्यक्ति विशेष से संबंधित विशाल जानकारियों में से कुछ सामग्री चुनकर प्रस्तुत करनी होती है। रेखाचित्रकार अपनी सूक्ष्म-पर्यवेक्षण शक्ति का प्रयोग कर किसी वस्तु या व्यक्ति की रूपरेखा को भावनाओं के रंग में रंगकर प्रस्तुत करता है।

रेखाचित्र में जीवनी के समान घटनाओं का संकलन तिथि क्रम से नहीं होता, पूर्ण आकलन भी नहीं होता। उसके लिए जीवन की एक ही घटना पर्याप्त होती है, क्योंकि वह जीवन की विशेषताओं की द्योतक रेखाओं से निर्मित है।

रेखाचित्र और संस्मरण

जगदीश चंद्र माथुर ने इन दोनों विधाओं की भिन्नता पर प्रकाश डालते हुए समझाया है कि रेखाचित्र से भिन्न चरितलेख (Portrait) में शब्दों का प्रयुक्तीकरण हुआ है। तथा गंभीर ललित साहित्य का अंग रेखाचित्र को माना गया है। संस्मरण में अलंकरण और गांभीर्य तत्त्व का अभाव रहता है। जो रेखाचित्र में उपलब्ध होते हैं।

संस्मरण उत्कृष्ट पत्रकारिता की एक मनोरंजक किंतु वैयक्तिक हल्की विधा है। संस्मरण में प्रायः अनुभूत स्मृतियाँ सँजोयी जाती हैं। कल्पना के लिए स्थान कम होता है, संस्मरण परिचित व्यक्ति से संबंधित होता है। पाठकों की जिज्ञासा वृद्धि में ये एक सहायक तत्त्व माना जाता है। संस्मरण में लेखक की दृष्टि प्रधान होती है और उसके निजी दृष्टिकोण से पात्रों का विश्लेषण होता है। संस्मरण

में भावात्मकता का प्राबल्य होता है। रेखाचित्र में रागात्मक स्पर्श मात्र के तत्त्व से ही भाव संप्रेषण किया जाता है।

संस्मरणों में प्रसंगों, कथाओं, घटित घटना का विवेचन, व्यक्ति वैशिष्ट्य की उपलब्धि पर प्रकाश प्रक्षेपित होता है जबकि रेखाचित्र में लँगड़ी शैली में रूप अभिव्यक्तिकारक नपे-तुले शब्दों का प्रयोग अधिक पाया गया है। रेखाचित्र में यदि रचनाकार की निजी विचारधारा सामने नहीं आती तो कोई क्षय नहीं होता, यह तत्त्व सिर्फ सौंदर्य वृद्धि में सहायक होता है।

संस्मरण में लेखक प्रायः प्रसिद्ध व्यक्ति होते हैं किंतु रेखाचित्रकार के लिए आम व्यक्ति खास बना होता है, संस्मरण में देशकाल की परिस्थितियों पर अधिक बल दिया जाता है तो रेखाचित्र में चित्रात्मक शैली को अपनाकर, कथा-विन्यास की विधा के तत्त्व मिश्रित किए जाते हैं जिनमें कल्पना के रंग से चित्रण विवेचन का प्राबल्य होता है।

रेखाचित्र और रिपोर्ताज

'रिपोर्ताज' शब्द फ्रांसीसी भाषा से ऐसे ही रूप में हिंदी में उपयोग किया जाने लगा है। इस शब्द से जुड़ा शब्द 'सूचनिका' व्यवहार में उपयोग किया जाता है। इस 'रिपोर्ताज' में घटना का या दृश्य का अत्यंत विवरणपूर्ण, सूक्ष्म और रोचक वर्णन होता है। ''व्यक्तियों के समूह को घटना जन्म देती है अतः उनकी आशा-आकांक्षाएँ, उनकी चेष्टाएँ, संदेह और निश्चय, पराक्रम और पलायन आदि सभी कुछ रिपोर्ताज में व्यक्त होते हैं किंतु रेखाचित्र में लेखक एक सौंदर्यबोधक तटस्थता बरतता है किंतु रिपोर्ताज में पक्षता ही व्यक्त होती आती है, इस रिपोर्ताज के जन्म का आकलन पिछले विश्व-युद्ध के समय से लगाया जाता है जब पत्रकार अपने साहित्य कला के उपयोग से युद्ध क्षेत्र की घटित रोचक महत्त्वपूर्ण जानकारी, वर्णित रूप में पत्रों में प्रेषित करते थे। इसकी परिभाषा इस रूप में दी जाने लगी कि पत्र की जिस घटना को, सत्य का निर्वाह करते हुए कलात्मक रूप में संवेदनात्मक शक्ति के साथ प्रस्तुत किया जाता है, वह रिपोर्ताज साहित्यिक विधा की कोटि में आता है। (सत्यपाल चुघ)

रेखाचित्र और रिपोर्ताज दोनों में घटना स्थल अथवा व्यक्तियों का चित्रण किया जाता है। इनमें अंतर इतना है कि 'कल्पना' की मात्रा में अंतर ही दोनों के रूपों में भिन्नता ला देता है। रिपोर्ताज का वर्ण्य विषय कभी कल्पित नहीं होता, तथ्य के धरातल पर, वैयक्तिक चित्रण में कल्पना का रेखांकन जरूर मिलता है।

रेखाचित्र और आत्मकथा

आत्मकथा एक प्रकार की ऐतिहासिक विधा है इसमें तटस्थ भाव से वर्णन की प्रमुखता होती है चित्रण की नहीं। जबकि रेखाचित्र में चित्रण से लेखक की अनुभूति और आस्था प्रस्फुटित होती है। किंतु किसी-किसी रेखाचित्र में आत्मतत्व अधिक हो जाने से वह विधा आत्मकथा के निकट पहुँच जाती है।

रेखाचित्र और गद्यकाव्य

गद्यकाव्य में मानव की संकुल भावनाओं की अभिव्यक्ति होती है। भावना के अतिरिक्त उसमें कल्पना और अनुभूति की भी प्रधानता होती है। उसमें विचारों की सूत्रबद्धता कम होती है। प्रवृत्ति की दृष्टि से गद्य काव्य में गांभीर्य होता है। रेखाचित्र में हास्य, व्यंग्य का पुट मिलता है। गद्यकाव्य कल्पना प्रधान होता है और यह तत्त्व रेखाचित्र की विधा में बहुतायत से नहीं पाया जाता है। विचारों के तारतम्य के पुट गद्यकाव्य में कम पाए जाते हैं जबकि रेखाचित्र की प्रधानता इसी तत्त्व में है। गद्यकाव्य शब्द से ही रस, अलंकरण, भाषा सौम्य शैली का आभास होता है, अर्थात् रेखाचित्र में प्रतीकात्मक भाषा का प्रयोग प्रायः कम होता है। किंतु जब रेखाचित्र में भाव प्रबल होने लगते हैं तो यह विधा गद्यकाव्य के समान प्रतीत होने लगती है।

रेखाचित्र और मेमोयर्स

मेमोयर्स की रचना इतिहास के आधार पर की जाती है जबकि रेखाचित्र में लेखक का स्वानुभव प्रतीत होता है। इन दोनों विधाओं में साम्य घनिष्ठ नहीं होता है। रेखाचित्र में वस्तु का बाह्यजगत का वर्णन शुद्ध रूप से मिलता है। अंतःकरण की झलक कम होती है किंतु जब लेखक इस थोड़ी से झलकी में कल्पना का रंग भरने लगता है तब निबंध, कहानी, संस्मरण और गद्यकाव्य के निकट उसकी रचना पहुँच जाती है। (रेखा और रंग से) **डॉ. विश्वनाथ शुक्ल** ने इस संबंध में कहा, ''अंग्रेजी में संस्मरण के लिए दो शब्दों का प्रयोग मिलता है 'मेमॉइर' एवं 'रेमिनिर्सेसेज' किंतु इसमें थोड़ा सा तात्विक भेद है। 'मेमॉइर' अपेक्षाकृत अधिक वस्तुपरक संस्मरण है। जबकि 'रेमिनिर्सेसेज' में लेखक अपने व्यक्तित्व एवं व्यक्तिगत जीवन की अनुभूतियों को कहीं अधिक स्पष्टतया व्यक्त करता है। अंग्रेजी में मेमॉइर घटनाओं के अधिकाधिक विवरण एवं ऐतिहासिक तथ्यों के व्यक्तिगत ज्ञान पर आधारित विवरण को भी कहते हैं। हिंदी में इन दोनों के लिए एक ही शब्द है 'संस्मरण' जो अधिक आत्मपरकता द्योतक शब्द है। संस्मरण

'सम्यक-स्मरण' है। सम्यक से तात्पर्य आत्मीयतापूर्वक गंभीरता है। लेखक जो स्वयं देख-सुन अनुभूत करता है संस्मरण उसी एक परमसंवेदनात्मक अनुभूति की साहित्यिक विधा है।"

रेखाचित्र के तत्त्व

रेखाचित्र के तत्त्वों की दृष्टि से पात्र या वस्तु ही मुख्य है। दूसरा तत्त्व 'देश' यानी वह स्थिर अंश है जिनके रेखांकित करते ही पात्र या वस्तु का रूप अस्तित्व में आने लगता है, वह साकार हो उठता है। तीसरा तत्त्व जीवन-दर्शन और चौथा तत्त्व शैली माना जा सकता है।

पात्र या वस्तु–रेखाचित्र में वर्ण्य विषय के रूप में एक व्यक्ति को, मानवेतर प्राणी को, किसी निर्जीव वस्तु को या कहूँ जड़-चेतन को लिया जा सकता है। उस जड़ या चेतन का शब्द रेखाओं द्वारा बाहरी ढाँचा खींचा जा सकता है।

देश–वर्ण्य विशेष किसी स्थान विशेष में स्थित या शोभायमान होता है। उसके चारों ओर का परिवेश होता है। वह पार्श्ववर्ती भाग गतिशील नहीं होता है और वर्ण्य विषय के साथ नित्य संपृक्त रहते हैं। उसके बिना व्यक्ति या पदार्थ का अस्तित्व ही दिखाई नहीं देता। रेखाचित्रकार उन स्थायी संबंध रखनेवाले अंशों का वर्णन करता है।

जीवन-दर्शन–रेखाचित्र की संक्षिप्त सीमा में जो व्यक्त होता है उसमें मानव जीवन की अभिव्यक्ति हो जाती है। यदि वर्ण्य विषय वस्तु या प्राणी है तो मानव-जीवन के साथ उसके संबंध पर प्रकाश डालना जरूरी है।

शैली–रेखाचित्र की कला सीधे सरल शब्दों में फोटोग्राफी की कला की तरह होती है। रेखाचित्रकार विश्व की किसी भी वस्तु का चित्र कैमरामेन की तरह हू-ब-हू खींच लेता है।

रेखाचित्र की रचना में गौरतलब तथ्य यह है कि रेखाचित्रकार की दृष्टि जितनी पैनी होगी तथा उसकी अनुभूति जितनी चित्रित सत्य के निकट होगी उतना ही उसके द्वारा अंकित किया गया रेखाचित्र सजीव और प्रभावोत्पादक होगा।

जहाँ तक रेखाचित्र के आकार का प्रश्न उठता है, ये प्रायः छोटे ही होते हैं। अधिक विस्तार उनके सौंदर्य को नष्ट कर देता है। रेखाचित्र में विस्तार की अपेक्षा गठन होना चाहिए।

जीवनी-साहित्य

'जीवनी-साहित्य' का नवीनतम रूप साक्षात् वार्ता यानी साक्षात्कार है। जिस प्रकार

संस्मरण और **डायरी** आत्मकथा के रूप हैं उसी प्रकार **'जीवनी'** के साथ साक्षात्कार का सीधा संबंध है। जीवनी ऐतिहासिक शैली में लिखी जाती है। किसी अन्य व्यक्ति के जीवन का विश्लेषण प्रस्तुत किया जाता है।

साक्षात्कार में भी अन्य व्यक्ति के जीवन का विश्लेषण प्रस्तुत किया जाता है परन्तु शैली की भिन्नता इसे नया रूप प्रदान करती है। इसकी शैली विभिन्न शैलियों का सम्मिश्रण-सा होती है। आत्मकथा का एक रूप **संस्मरण** की शैली भी होती है।

नाटकीय शैली का रूप भी इसमें होता है। जिस व्यक्ति का चरित्र चित्रित करना होता है लेखक उससे स्वयं साक्षात् मिलता है और परस्पर प्रश्न कर बातचीत करता है। इस बातचीत के द्वारा उसके चरित्र की विशेषताओं की खूबियों की खोज करता है।

संवाद रूप का समावेश हो जाने से इस शैली में नाटकीयता आ जाती है।

नाटक में जब दो पात्र आपस में वार्त्तालाप करते हैं तब वहाँ दोनों पात्रों की उक्तियों का महत्त्व समान रहता है। दोनों नाटक को गति देते हैं लेकिन साक्षात्कार में एक पात्र की बातचीत का महत्त्व होता है।

लेखक भी यद्यपि वार्त्तालाप में भाग लेता है तथापि उसका महत्त्व नहीं होता।

उसका उपयोग केवल वर्ण्य चरित्र के विश्लेषण में ही होता है। लेखक जब कोई प्रश्न वर्ण्य चरित्र के समक्ष करता है तब उसके उत्तर में जो बात आती है, उसी का महत्त्व होता है। उसी की अभिव्यक्ति के लिए शब्द योजना की जाती है। साक्षात्कार विधा में आलोचना का रूप भी मिला रहता है। लेखक की विश्लेषणात्मक उक्तियों में आलोचक की दृष्टि झलकती दिखाई देती है।

जब साहित्यकार जीवन के विविध पक्षों का चित्रण अपनी रचनाओं में करने का यत्न करता है, तो वह साहित्य **'जीवनी'** ही होता है। साहित्य के क्षेत्र में **जीवनी** शब्द व्यक्ति विशेष की **जीवनी** का संबंध रूप होता है। इसके लिए सामान्य मानव-समाज में से किसी विशिष्ट व्यक्ति को चुन लिया जाता है और अधिक गहराई तथा वास्तविकता से उसके जीवन की घटनाओं तथा परिस्थितियों का अध्ययन किया जाता है। इस अध्ययन के दौरान जब कोई लेखक अपनी प्रतिक्रियाओं को इतिहास रूप में वर्णित करता है तब एक विशेष प्रकार के साहित्य का निर्माण होता है। अपने विशिष्ट अर्थ में 'जीवनी' शब्द इसी साहित्यिक रूप का नाम है। इतिहास की अपेक्षा इसमें अधिक वास्तविकता रहती है। वैयक्तिकता और वास्तविकता के विलक्षण योग से ही इसका निर्माण होता है।

जीवनी के तत्त्व

साहित्य के इस रूप में साहित्य के प्रायः सभी तत्त्व विद्यमान रहते हैं। तत्त्वों की दृष्टि से यह विधा साहित्य के अधिक निकट है। जीवनी के मुख्य तत्त्व हैं–1. घटना 2. चरित्र-चित्रण 3. देशकाल 4. उद्देश्य 5. शैली।

घटना–उपन्यास और कहानी की भाँति जीवनी में भी घटनाएँ होती हैं। घटनाओं के आधार पर ही इसका स्वरूप गढ़ा जा सकता है। जीवनी की घटनाएँ काल्पनिक न होकर वास्तविक होती हैं। जीवनी लेखक इतिहासकार की भाँति अपने चरित्रनायक के विषय में अन्वेषण तथा अनुसंधान की प्रक्रिया को अपनाता है और फलस्वरूप जो घटना तथ्य समक्ष आते हैं उन्हें इस प्रकार सँजोता है कि व्यक्ति का व्यक्तित्व उद्‌भासित हो उठता है। वह बड़ी से बड़ी और छोटी से छोटी घटना का पर्यालोचन करता है और जो घटना अपने चरित्र-नायक का स्थान उद्‌भासित करती है उसे अपनी कल्पना में सँजो लेता है। कल्पना-संस्पर्श से जब वह घटना लिपिबद्ध हो जाती है, तब वह इतिहास की परिधि से निकल साहित्य के क्षेत्र में शामिल हो जाती है।

इतिहासकार की भाँति जीवनी की घटनाएँ राष्ट्र तथा जाति को अपना लक्ष्य नहीं बनाती हैं। जीवनी की घटनाओं का लक्ष्य व्यक्ति होता है। जो घटना इतिहासकार के लिए त्याज्य होती है, वह जीवनीकार के लिए ग्राह्य तथा उपादेय हो जाती है। जीवनी का सबसे प्रमुख तत्त्व घटना है और इस तत्त्व के विनियोग में यथार्थता और भावना का परस्पर मिश्रण अत्यंत अपेक्षित होता है।

चरित्र-चित्रण–जीवनीकार इतिहास में तथा सामयिक समाज में ख्यातिप्राप्त व्यक्ति को अपनी रचना का विषय बनाता है। जीवनीकार को तथाकथित व्यक्ति की खूबियाँ ही लिखने को प्रेरित करती हैं। जब वह अपने चरित-नायक का गंभीरता, समीपता से चित्रण करने का उपक्रम करता है तो उसे उसकी त्रुटियाँ, खामियाँ, दुर्बलताएँ भी दिखने लगती हैं। जीवनीकार इन दुर्बलताओं को भी अपनाता है। उसे अपने वर्ण्य चरित के प्रति श्रद्धा होती है, सहानुभूति होती है पर अंधभक्ति नहीं होती। वह उन दुर्बलताओं को उसी प्रकार ही अपनाता है।

जीवनीकार हमें चरित-नायक के शरीर और आत्मा में प्रवेश कराकर एक ऐसे स्थान पर ला खड़ा करता है जहाँ से हम निष्पक्ष दृष्टि से व्यक्ति के कार्य-व्यापार, विचारधारा और इन दोनों के समन्वय को ध्यान से देखकर किसी निर्णय पर पहुँच सकते हैं। मनुष्य को समझने के लिए जीवन-चरित का अध्ययन जरूरी है।

देश काल–व्यक्ति किसी देश या किसी काल में ही अपना जीवन बिताता है। इस प्रकार देशकाल भी जीवनी का विशेष अंग होता है। उसके जीवन की घटनाएँ देशकाल से सर्वथा संबद्ध रहती हैं। जीवनी में व्यक्ति ही मुख्य होता है। वही अंगी होता है।

उद्देश्य–जीवनीकार का मुख्य उद्देश्य अपने वर्ण्य चरित्र का गुणगान करना होता है। उसकी उल्लेखनीय विशेषताओं पर प्रकाश डालना होता है। ऐसी स्थिति में जीवन संबंधी विचारों, मान्यताओं, विश्वासों एवं नैतिक धारणाओं का संकेत हो ही जाता है। जीवनी साहित्य की मान्यताओं को उचित ही मानना चाहिए।

शैली–जीवनी में शैली संबंधी कतिपय विशेषताएँ स्वीकार की जाती हैं। सबसे पहले गुण अन्विति है। उसे वर्ण्य चरित्र के जीवन की घटनाओं को पूरे ब्योरे के साथ रखते समय इस बात का ध्यान रखना पड़ता है कि उनमें विविधता के साथ एकता भी विद्यमान रहे। इस गुण को स्थापित करने के लिए अनावश्यक बात का निवारण और प्रत्येक आवश्यक बात का समावेश करना पड़ता है।

जीवनी में शैली संबंधी दूसरी विशेषता–निरपेक्षता की है। जीवनीकार को सदा सतर्क रहते हुए अपने नायक का चरित्र यथातथ्य रूप में निष्कपट भाव से पाठकों के सम्मुख रखना चाहिए।

तीसरी विशेषता संतुलन की मानी जाती है। जीवनी वही सुंदर और स्थायी होगी जो सत्य की कसौटी पर खरी उतरेगी।

चौथी विशेषता है–सहृदयता। जीवनी के प्रत्येक शब्द से, वाक्य से लेखक की सहृदयता पर प्रकाश पड़ना चाहिए। दोषों का उल्लेख करते हुए भी उसे सहृदयता का त्याग नहीं करना चाहिए।

जीवनी के प्रकार

जीवनी छोटी भी हो सकती है, निबंध के आकार की भी हो सकती है और पुस्तकाकार उपन्यास के आकार की भी। जीवनी-साहित्य को वर्ण्य चरित्र के क्षेत्र के आधार पर इस प्रकार देखा जा सकता है–

1. धार्मिक महापुरुषों की जीवनी
2. राजनीतिक महापुरुषों की जीवनी
3. ऐतिहासिक वीर पुरुषों की जीवनी
4. विदेशी पुरुषों की जीवनी
5. वैज्ञानिक पुरुषों की जीवनी

6. साहित्यिक पुरुषों की जीवनी

7. देश-सेवी पुरुषों की जीवनी

शैली की दृष्टि से जीवनी-साहित्य अनेक रूप धारण कर रहा है। जीवनी-साहित्य के नए विकसित होने वाले नए साहित्यिक रूप हैं–

आत्मकथा, संस्मरण, दैनंदिनी (डायरी), साक्षात्कार।

6
जीवनी तथा अन्य

आत्मकथा

जीवनीकार ऐतिहासिक शैली में अन्य व्यक्ति का चरित्र प्रकाश में लाता है। जब वह किसी अन्य व्यक्ति का जीवन-चरित्र हमारे सामने प्रस्तुत नहीं करता अपितु अपनी ही जीवनी प्रस्तुत करता है तब उस जीवनी का रूप **आत्मकथा** कहलाता है। इस प्रकार की जीवनियों का लेखक स्वयं चरित्र-नायक हो जाता है।

सामान्य **जीवनी से आत्मकथा** में यही विशेषता रहती है कि उसमें लेखक का अपना आपा उसके अपने शब्दों द्वारा अभिव्यक्ति पाता है।

आत्मकथ्य–'आत्मकथा' का ही संक्षिप्त रूप है।

हिन्दी साहित्य की एक अनूठी विधा–कवि बनारसी दास कृत 'अर्द्धकथानक' आत्मकथा है। इस आत्मकथा के उपरांत संपूर्ण मध्य काल में किसी आत्मकथा का उल्लेख नहीं मिलता। आत्मकथा संस्मरण से भिन्न है इसमें लेखक के जीवन की दुर्बलताओं, सबलताओं आदि का संतुलित और व्यवस्थित चित्रण होता है। जिससे उसके संपूर्ण व्यक्तित्व के निष्पक्ष उद्घाटन में समर्थता आती है।

हिंदी में आत्मकथा साहित्य–हिंदी में आत्मकथा का साहित्य अपेक्षाकृत कम प्राप्त होता है इसलिए उसे प्रवृत्तिगत विशेषताओं के आधार पर वर्गीकृत करते हैं।

1. **धार्मिक प्रवृत्ति प्रधान व्यक्तियों की आत्मकथाएँ**–संसार में कई ऐसे महान व्यक्ति हुए हैं, जिन्हें विशेष परिस्थितियों, धारणाओं ने प्रेरित कर, उच्च कोटि का धार्मिक व्यक्ति बना दिया। इस कोटि के व्यक्तियों के द्वारा लिखी गई आत्मकथाओं में हमें आत्म-निवेदन और आत्म-विगर्हण के साथ-साथ उन परिस्थितियों और घटनाओं का मार्मिक चित्रण भी मिलता है, जिन्होंने उनके जीवन की गतिविधि

को बदलने को प्रेरित किया। इस कोटि की आत्मकथाओं में निम्नलिखित विशेष उल्लेखनीय हैं।

1. मेरा जीवन प्रवाह–(वियोगी हरि)

2. प्रवासी की आत्मकथा–(स्वामी दयाल संन्यासी)

3. साधना के पथ पर–(हरिभाऊ उपाध्याय)

2. **राजनीतिक प्रवृत्ति प्रधान व्यक्तियों की आत्मकथाएँ**–नेताओं का जीवन उत्थान और पतन के पक्षों से पूर्ण होता है। भाग्य के उलट-पलट से ये क्रम, कभी भी किसी पक्ष में चल पड़ता है, ऐसी आत्मकथाओं में ऐसी ही कहानियों को सत्यता से प्रदर्शित करना, सौंदर्य बढ़ाता है। पंडित जवाहरलाल नेहरू की 'मेरी कहानी', राजेंद्र प्रसाद की 'मेरी आत्मकथा' रचनाएँ इसी कोटि के अन्तर्गत आती हैं।

3. **कलाकार के जीवन की आत्मकथाएँ**–कलाकार के आत्मकथात्मक तत्त्वों में मोहक सुरभि पाई जाती है। अलौकिक आनन्द की विचित्र प्रेषणीयता, इनकी कथाओं को उच्च कोटि का स्तर प्रदान करती है। इस प्रकार की कथाओं में कलाकार के कला-मार्ग को भावनाओं की संगत देकर सौंदर्यात्मक चित्रण से पाठक तत्त्व रोचक बना देते हैं।

कभी-कभी तो यह देखा गया है कि इस प्रकार की जीवन कथाओं को पढ़कर पाठक उसकी दुर्बलताओं आदि का मिथ्यानुकरण करने लगते हैं। इस कोटि की प्रमुख आत्मकथाएँ इस प्रकार हैं।

देवेन्द्र सत्यार्थी कृत 'चाँद सूरज के बीरन'।

कन्हैया लाल मुंशी रचित 'स्वप्न सिद्धि की खोज में'।

बाबू गुलाबराय लिखित 'हमारी जीवन असफलताएँ'।

संस्मरण

जीवनी का दूसरा रूप **संस्मरण** कहलाता है। जिस प्रकार **आत्मकथा** में लेखक स्वयं अपने जीवन-वृत्तांत को लिखता है उसी प्रकार **संस्मरण** भी लेखक की अपनी जीवनी के उल्लेखनीय क्षणों का लेखा होता है। आत्मकथा में जीवनी का आद्योपान्त विवरण प्रस्तुत किया जाता है परन्तु 'संस्मरण' में संपूर्ण जीवन के कुछ विशिष्ट अंशों पर प्रकाश डाला जाता है। 'संस्मरण' में उन्हीं घटनाओं का उल्लेख रहता है जिनका लेखक के जीवन में घटित होने का संकेत मिलता है। संस्मरण साहित्य का एक आकर्षक स्वरूप है। हिन्दी की प्राचीन कविता में संस्मरण की अभिव्यक्ति

स्मरण अलंकार के रूप में पाई जाती है। वर्तमान में संस्मरण हिन्दी गद्य साहित्य की नवीन विधा है। इसकी अपनी अलग शास्त्रीय विशेषताएँ हैं। संस्मरण एवं रेखाचित्र समकक्ष विधाएँ हैं। साम्यता के बावजूद, अंतर है। रेखाचित्र चारित्रिक चित्र होता है संस्मरण केवल चित्र न होकर चित्र का **दर्पण भी होता है।** इसमें कलाकार संपूर्ण परिस्थिति का बिंब-प्रतिबिंब भाव से वर्णन करता है। इसमें व्यक्ति विचार या स्मरण की मुद्रा में तो रहता है किंतु उसका वर्ण्य आत्म या अन्य विशिष्ट जीवन न होकर विशिष्ट घटना या विशिष्ट प्रभाव होता है। इसमें लेखक अवचेतन में संचित घटनाओं को स्मृति के बल पर उभारता है।

संस्मरण और जीवनी में भी बड़ा साम्य है। दोनों ही अतीत जीवन को यथार्थ रूप में चित्रित करने का प्रयास करते हैं। किंतु दोनों की चित्रण कला में भेद होता है। संस्मरण लेखक साहित्यकार पहले होता है और इतिहासकार बाद में। उसमें कलाकार के व्यक्तित्व के भावमय चित्रों की प्रधानता होती है। निबंध की तुलना में संस्मरण जीवन की किसी अतीत घटना, व्यक्ति या वस्तु के प्रति लेखक की भावात्मक प्रतिक्रिया का प्रकाशन होता है। संस्मरण और कहानी में अंतर है। कहानी एक निश्चित वैधानिक संगठन का अनुसरण करती है संस्मरण इस प्रकार के नियंत्रण से मुक्त रहता है। संस्मरण की अपेक्षा कहानी का स्वरूप अधिक व्यापक होता है। कहानी अनेक प्रकार की हो सकती है। उन प्रकारों में एक श्रेणी संस्मरणात्मक कहानी की भी है।

हिन्दी का संस्मरण साहित्य

संस्मरण लिखने का प्रवर्तन द्विवेदी युग में ही शुरू हो गया था। इनकी प्रेरणा से 'सरस्वती' में बहुत से संस्मरणात्मक जीवन परिचय प्रकाशित हुए थे। द्विवेदी युग के बाद संस्मरण साहित्य का स्वतंत्र विकास होने लगा।

सत्यदेव परिव्राजक—हिंदी संस्मरण इतिहास में सर्वप्रथम इनका नाम लिया जाता है। 1905 में कई अमरीका यात्रा संबंधी संस्मरण लिखे।

हेमचन्द्र जोशी—इन्होंने 'फ्रांस यात्रा और संस्मरण' के नाम से प्रसिद्ध संस्मरण लिखा।

श्री नारायण चतुर्वेदी—'लखनऊ से देहरादून तक की यात्रा' प्रसिद्ध है। इनके लेखों में साहित्यिकता की मात्रा कम, विनोद मात्रा अधिक है।

बनारसी दास चतुर्वेदी—इन्होंने सैकड़ों संस्मरण लिखे जो समय-समय पर पत्र-पत्रिकाओं में प्रकाशित हुए।

पद्मसिंह शर्मा—'बिहारी सतसई' का तुलनात्मक अध्ययन करने वाले 'शुक्ल युग' के हैं इनके संस्मरणों में व्यक्तित्व की नोंक-झोंक झाँका करती है।

श्रीराम शर्मा—'शिकार संबंधी'। इनके संस्मरणों में व्यक्तिगत अनुभवों का पुट होने के कारण एक विचित्र यथार्थताजनित रोचकता है।

राजेंद्रलाल हाण्डा—इनके संस्मरण 'दिल्ली में 10 वर्ष' के शीर्षक से प्रकाशित हुए हैं।

ललित निबंध

समसामयिक हिंदी निबंध विधा में ललित निबंध अत्यंत लोकप्रिय हैं। ललित निबंधों में **वैयक्तिकता** का पक्ष अधिक रहता है। ललित निबंधों ने रचनात्मकता के मनोहारी स्पर्श से नया आलोक पाया है। जिस विषय को निबंधकार लेता है उसे अपनी वैयक्तिक अभिरुचि के योग से अभिव्यक्ति देता है। ललित निबंध में लालित्य और रोचकता के समावेश पर विशेष बल दिया जाता है। उसमें **'लोक संस्कृति'** और इसकी मूल संवेदना के साथ गहनता होती है। **अज्ञेय के शब्दों में**—''ललित निबंध नाम रूढ़ हो गया है। परन्तु लालित्य लोक संस्कृति के निकट संस्पर्श से भी आ सकता है। संस्कृति-काव्य के महान ज्ञान से भी और इससे भी ज्यादा लेखक के मनोजगत की विचार-स्मृति और कल्पना का वह योग जिसे भावना ने एक मधुर सूक्ष्म रंगत दी हो।''

हिन्दी में यह लालित्य सर्वप्रथम हजारी प्रसाद द्विवेदी के संस्कृति और लोक तत्त्वों से युक्त निबंधों में मिलता है। उनके निबंध सूक्ष्म एवं गंभीर चिंतन पर आधारित होने के बाद भी पाठक को लालित्य का आनंद देते हैं। 'कल्पलता' में उनके निबंध संकलित हैं। द्विवेदी जी की ललित गद्य शैली का प्रभाव विद्यानिवास मिश्र, कुबेरनाथ राय, धर्मवीर भारती और विवेकी राय आदि के ललित निबंधों में मिलता है।

विद्यानिवास मिश्र के 'परंपरा बंधन नहीं', 'वसंत आ गया पर कोई उत्कंठा नहीं', 'मेरे राम का मुकुट भीग रहा है'; कुबेरनाथ राय के निबंध 'निषाद बांसुरी', 'प्रिया नीलकंठी', 'रस आखेटक' और 'गंधमादन' में संकलित हैं।

संदर्भ ग्रंथ

1. हिंदी साहित्य का इतिहास—डॉ. नगेंद्र
2. हिंदी साहित्य का इतिहास—राजनाथ शर्मा

3. साहित्य समीक्षा—डॉ. त्रिलोकी नारायण दीक्षित
4. हिंदी रेखाचित्र—डॉ. हरवंशलाल शर्मा
5. हिंदी समिति सूचना प्रसारण विभाग, लखनऊ
6. शास्त्रीय समीक्षा के सिद्धांत—डॉ. गोविंद त्रिगुणायत
7. साहित्यिक निबंध—डॉ. उमेश चंद्र मिश्र, डॉ. लक्ष्मीकांत पांडेय
8. नाटक का समाजशास्त्र—वी.डी. गुप्ता
9. भारतीय तथा पाश्चात्य रंगमंच—पं. सीताराम चतुर्वेदी

□□□

